Arpeggio Libero
Beneventana

Arpeggio Libero Editrice s.a.s.
26900 Lodi (LO)
e-mail: info@arpeggiolibero.com
web: www.arpeggiolibero.com
NUOVA CRONICA - Libro VII

I EDIZIONE marzo 2021 ISBN 978-88-3352-0858
Copertina : Grafica: Lorenzo Mascheroni.
Disegni copertina: Fabio Dessole

GIOVANNI VILLANI

NUOVA CRONICA

LIBRO SETTIMO

ARPEGGIO LIBERO

LIBRO SETTIMO

I *Qui comincia il VII libro: come Federigo secondo fue consecrato e fatto imperadore, e le grandi novitadi che furono.*

Negli anni di Cristo MCCXX, il dì di santa Cecilia di novembre, fue coronato e consecrato a Roma a imperadore Federigo secondo re di Cicilia, figliuolo che fu dello 'mperadore Arrigo di Soavia e della imperadrice Gostanza, per papa Onorio terzo a grande onore. Al cominciamento questi fu amico della Chiesa, e bene dovea esser; tanti benefici e grazie avea dalla Chiesa ricevute, ché per la Chiesa il padre suo Arrigo ebbe per moglie Gostanza reina di Cicilla, e in dote il detto reame e regno di Puglia, e poi morto il padre, rimanendo piccolino fanciullo, dalla Chiesa, come da madre, fu guardato e conservato, e eziandio difeso il suo reame, e poi fattolo re de' Romani eleggere contro a Otto quarto imperadore, e poi coronato imperadore, come di sopra è detto. Ma elli figliuolo d'ingratitudine, non riconoscendo santa Chiesa come madre, ma come nemica matrigna, in tutte le cose le fu contrario e perseguitatore, egli e' suoi figliuoli, quasi più che' suoi anticessori, sì come innanzi faremo di lui menzione. Questo Federigo regnò XXX anni imperadore, e fue uomo di grande affare e di gran valore, savio di scrittura e di senno naturale, universale in tutte cose; seppe la lingua latina, e la nostra volgare, tedesco, e francesco, greco, e saracinesco, e di tutte virtudi copioso, largo e cortese in donare, prode e savio in arme, e fue molto temuto. E fue dissoluto in lussuria in più guise, e tenea molte concubine e mammoluchi a guisa de' Saracini: in tutti diletti corporali volle abbondare, e quasi vita epicuria tenne, non faccendo conto che mai fosse altra vita. E questa fu l'una principale cagione perché venne nemico de' cherici e di santa Chiesa. E per la sua avarizia di prendere e d'occupare le giuridizioni di santa Chiesa per male dispenderle, e molti monasteri e chiese distrusse nel suo regno di Cicilia e di Puglia, e per tutta Italia, sicché, o colpa de' suoi vizii e difetti, o de' rettori di santa Chiesa che co·llui non sapessono o non volessono praticare, né esser contenti ch'elli avessero le ragioni dello 'mperio, per la qual cosa sottomise e percosse santa Chiesa; overo che Idio il permettesse per giudicio divino, perché i rettori della Chiesa furono operatori ch'egli nascesse della monaca sagra Gostanza, non ricordandosi delle persecuzioni che Arrigo suo padre e Federigo suo avolo aveano fatte a santa Chiesa. Questi fece molte notabili cose al suo tempo, che fece a tutte le caporali città di Cicilia e di Puglia uno forte e ricco castello, come ancora sono in piede, e fece il castello di Capovana in Napoli, e le torri e porta sopra il ponte del fiume del Volturno a Capova, le quali sono molto maravigliose, e fece il parco dell'uccellagione al Pantano di Foggia in Puglia, e fece il parco della caccia presso a Gravina e a Melfi a la montagna. Il verno stava a Foggia, e la state a la montagna a la caccia a diletto. E più altre notabili cose fece fare: il castello di Prato, e la rocca di Samminiato, e molte altre cose, come innanzi faremo menzione. E ebbe due figliuoli della sua prima donna, Arrigo e Currado, che ciascuno a sua vita fece l'uno appresso l'altro eleggere re de' Romani; e della figliuola del re Giovanni di Ierusalem ebbe Giordano re, e d'altre donne ebbe il re Federigo, onde sono discesi il legnaggio di coloro che si chiamano d'Antioccia, il re Enzo e lo re Manfredi, che assai furono nimici di santa

Chiesa. E alla sua vita egli e' figliuoli vivettono e signoreggiaro con molta gloria mondana, ma alla fine egli e' suoi figliuoli per gli loro peccati capitaro e finiro male, ed ispensesi la sua progenia, sì come innanzi faremo menzione.

II *La cagione perché si cominciò la guerra da' Fiorentini a' Pisani.*

A la detta coronazione dello 'mperadore Federigo si ebbe grande e ricca ambasceria di tutte le città d'Italia; e di Firenze vi fue molta buona gente, e simile di Pisa. Avvenne che uno grande signore romano ch'era cardinale, per fare onore a' detti ambasciadori, convitò a mangiare gli ambasciadori di Firenze, e andati al suo convito, uno di loro veggendo uno bello catellino di camera al detto signore, sì gliele domandò; e il detto signore disse che mandasse per esso a sua volontà. Poi il detto cardinale il dì appresso convitò gli ambasciadori di Pisa, e per simile modo uno de' detti ambasciadori invaghì del detto catellino, e domandollo in dono. Il detto cardinale non ricordandosi come l'avea donato all'ambasciadore di Firenze, il promise a quello di Pisa. E partiti dal convito, l'ambasciadore di Firenze mandò per lo catellino, e ebbelo. Poi vi mandò quello di Pisa, e trovò come l'aveano avuto gli ambasciadori di Firenze: recarlosi in onta e in dispetto, non sappiendo com'era andato il detto dono del catellino. E trovandosi per Roma insieme i detti ambasciadori, richeggendo il catellino, vennero insieme a villane parole, e di parole si toccaro; onde gli ambasciadori di Firenze furono alla prima soperchiati e villaneggiati dalle persone, però che cogli ambasciadori pisani avea L soldati di Pisa. Per la qual cosa tutti i Fiorentini ch'erano intorno alla corte del papa e dello 'mperadore, ch'erano in gran quantità (e ancora ve n'andarono assai di Firenze per volontà, onde fu capo messer Oderigo de' Fifanti), s'accordarono e assaliro i detti Pisani con aspra vendetta. Per la qual cosa scrivendo eglino a Pisa come erano stati soperchiati e vergognati da' Fiorentini, incontanente il Comune di Pisa fece arrestare tutta la roba e mercatantia de' Fiorentini che si trovò in Pisa, ch'era in buona quantità. I Fiorentini per fare ristituire a' loro mercatanti, più ambascerie mandaro a Pisa, pregando che per amore dell'amistà antica dovessono ristituire la detta mercatantia. I Pisani non l'assentiro, dando cagione che la detta mercatantia era barattata. Alla fine s'agecchiro a tanto i Fiorentini, che mandarono pregando il Comune di Pisa che in luogo della mercatantia mandassero almeno altrettante some di qual più vile cosa si fosse, acciò che quella onta non facessono a ·lloro, e il Comune di Firenze de' suoi danari ristituirebbe i suoi cittadini; e se ciò non volessono fare, che protestavano che più non poteano durare l'amistà insieme, e che comincerebbono loro guerra; e questa richesta durò per più tempo. I Pisani per loro superbia, parendo loro esser signori del mare e della terra, rispuosono a' Fiorentini che qualunque ora eglino uscissono a oste rammezzerebbono loro la via. E così avenne che' Fiorentini, non possendo più sostenere l'onta e 'l danno che faceano loro i Pisani, cominciaro loro guerra. Questo cominciamento e cagione della detta guerra, com'è detto di sopra, sapemo il vero da antichi nostri cittadini, che i loro padri furono presenti a queste cose, e ne feciono loro ricordo e memoria.

III *Come i Pisani furono sconfitti da' Fiorentini a Castello del Bosco.*

Avenne che gli anni di Cristo MCCXXII i Fiorentini s'apparecchiaro d'andare ad oste sopra la città di Pisa, e partiti di Firenze del mese di luglio, i Pisani, come aveano promesso, si feciono loro allo 'ncontro a luogo detto Castello del Bosco nel contado di Pisa. Quivi s'afrontaro insieme, e fuvi grande battaglia. A la fine i Pisani vi furono sconfitti da' Fiorentini a dì XXI di luglio del detto anno, e molti ne furono morti, e presi ne vennoro a Firenze per numero MCCC uomini, e de' migliori della città di Pisa; e così si mostra per giudicio d'Iddio che' Pisani avessono quella disciplina per la loro superbia, arroganza, e ingratitudine. Avemo sì lungamente detto sopra questa matera da' Fiorentini a' Pisani, perché sia notorio a ciascuno il cominciamento di tanta guerra e dissensione che ne seguì appresso, e grandi aversità e battaglie e pericoli in tutta Italia, e massimamente in Toscana, e alla città di Firenze e di Pisa; e cominciossi per così vil cosa, come fu per la contenza d'uno piccolo cagniuolo, il qual si può dire che fosse diavolo in ispezie di catellino, perché tanto male ne seguìo, come per innanzi faremo menzione.

IV *Come i Fiorentini andarono ad oste a Fegghine, e feciono l'Ancisa.*

Negli anni di Cristo MCCXXIII quegli del castello di Fegghine in Valdarno, il quale era molto forte e possente di genti e di ricchezze, sì si rubellaro, e non vollono ubbidire al Comune di Firenze; per la qual cosa nel detto anno, essendo podestà in Firenze messere Gherardo Orlandi, i Fiorentini per comune feciono oste a Figghine, e guastarla intorno, ma non l'ebbono; e per battifolle, overo bastita, tornando l'oste de' Fiorentini a Firenze, sì puosono i Fiorentini il castello di l'Ancisa, acciò ch'al continuo colle masnade de' Fiorentini fosse guerreggiato il castello di Fegghine.

V *Come i Fiorentini fecero oste sopra Pistoia, e guastarla intorno.*

Negli anni di Cristo MCCXXVIII, essendo podestà di Firenze messer Andrea da Perugia, i Fiorentini feciono oste sopra la città di Pistoia col carroccio; e ciò fu perché i Pistolesi guerreggiavano e trattavano male quegli di Montemurlo; e guastò la detta oste intorno alla città infino alle borgora, e disfeciono le torri di Montefiore ch'erano molto forti; e 'l castello di Carmignano s'arendé al Comune di Firenze. E nota che in su la rocca di Carmignano avea una torre alta LXX braccia, e ivi su due braccia di marmo, che faceano le mani le fiche a Firenze, onde per rimproccio usavano gli artefici di Firenze quando era loro mostrata moneta o altra cosa, diceano: "No·lla veggo, però che m'è dinanzi la rocca di Carmignano"; e per questa cagione feciono i Pistolesi le comandamenta de' Fiorentini, sì come seppono divisare i Fiorentini, e feciono disfare la detta rocca di Carmignano.

VI *Come i Sanesi ricominciaro la guerra a' Fiorentini per Montepulciano.*

Negli anni di Cristo MCCXXVIIII i Sanesi ruppono la pace a' Fiorentini, imperciò che contra i patti della detta pace i Sanesi feciono oste sopra Montepulciano del mese di giugno nel detto anno. Per la qual cosa il settembre vegnente, essendo podestà di Firenze messer Giovanni Bottacci, i Fiorentini feciono oste sopra i Sanesi, e guastarono il loro contado infino a la pieve a Sciata verso Chianti, e disfeciono Montelisciai, uno loro castello presso a Siena a tre miglia. E poi l'anno appresso, essendo podestà di Firenze Otto da Mandella di Milano, i Fiorentini fecero generale oste sopra Siena a dì XXI di maggio l'anno MCCXXX, e menaro il carroccio, e valicaro la città di Siena, e andarono a San Chirico a Rosenna, e disfeciono il bagno a Vignone. E poi andaro per la valle d'Orcia infino a Radicofani, e passaro le Chiane per guastare i Perugini, perché aveano favorati i Sanesi, domandando giuridizione del lago, per ragione che v'avea la Badia di Firenze per privilegio del marchese Ugo. Ma i Perugini richesto l'aiuto de' Romani, i Fiorentini si partiro di sopra il contado di Perugia, e tornaro in su quello di Siena, e disfeciono da XX tra castella e gran fortezze, e tagliaro il pino da Montecellese, e tornando si puosono a Siena a campo, e per forza combattero l'antiporte, e ruppero i serragli, e entraro ne' borghi della città, e menarne presi a Firenze più di MCC uomini. In questo anno MCCXXX i Fiorentini andarono ad oste a Caposelvoli in Valdambra a le confine d'Arezzo, imperciò che facea guerra in Valdarno nel contado di Firenze co la forza degli Aretini, e sì era della diocesi di Fiesole e del distretto di Firenze, e presollo, e disfeciollo.

VII *D'uno grande miracolo ch'avenne a Santo Ambruogio in Firenze del corpo di Cristo.*

Nel detto anno MCCXXVIIII, il dì di san Firenze, dì XXX di dicembre, uno prete della chiesa di Santo Ambruogio di Firenze ch'avea nome prete Uguiccione, avendo detta la messa e celebrato il sacrificio, e per vecchiezza non asciugò bene il calice; per la qual cosa il dì appresso prendendo il detto calice, trovovvi dentro vivo sangue appreso e incarnato, e ciò fu manifesto a tutte le donne di quello munistero, e a tutti i vicini che vi furono presenti, e al vescovo, e a tutto il chericato, e poi si palesò tra tutti i Fiorentini, i quali vi trassono a vedere con grande devozione, e trassesi il detto sangue del calice, e misesi in una ampolla di cristallo, e ancora si mostra al popolo con grande reverenza.

VIII *Ancora della guerra da' Fiorentini a' Sanesi.*

Negli anni di Cristo MCCXXXII i Sanesi presono Montepulciano, e disfeciono le mura e tutte le fortezze de la terra, imperciò che quelli di Montepulciano per mantenersi in loro libertade si erano in lega e compagnia co' Fiorentini. Per la qualcosa i Fiorentini andaro ad oste sopra i Sanesi, essendo podestà di Firenze messer Iacopo da Perugia, e guastarono molto del loro contado, e puosono oste al castello di Querciagrossa, presso a Siena a quattro miglia, il quale era molto forte, e per forza d'edifici s'arendero; e avuto il castello, il feciono tutto disfare, e gli uomini che v'erano dentro menaro pregioni a Firenze.

IX *Di novità da Firenze.*

Nel detto anno s'apprese il fuoco in Firenze da casa i Caponsacchi presso di Mercato Vecchio, onde arsono molte case, e arsono uomini e femmine e fanciulli XXII, onde fu grande danno.

X *Ancora della guerra di Siena.*

L'anno appresso MCCXXXIII i Fiorentini feciono grande oste sopra la città di Siena, e assediarla dalle tre parti, e con molti difici vi gittaro dentro pietre assai, e per più dispetto e vergogna vi manganarono asini e altra bruttura.

XI *Ancora della guerra co' Sanesi.*

Apresso, l'anno MCCXXXIIII i Fiorentini ancora rifeciono oste sopra i Sanesi, e mossesi di Firenze a dì IIII di luglio, essendo podestà di Firenze messer Giovanni del Giudice di Roma, e stettono in oste sopra il loro contado LIII dì, e disfeciono Asciano e Orgiale, con XLIII tra castella e ville e grandi fortezze, onde i Sanesi ricevettono gran dannaggio.

XII *Di novità di Firenze.*

Nel detto anno, per pasqua di Natale, s'apprese il fuoco in Firenze nel borgo di piazza Oltrarno, e quasi arse tutto con grandissimo danno. E nota quanta pestilenzia la nostra città ha ricevuta di fuochi appresi, che quasi tra più volte il più della città è stato arso e rifatto.

XIII *Come fu fatta pace da' Fiorentini a' Sanesi.*

Negli anni di Cristo MCCXXXV, essendo podestà di Firenze messer Compagnone del Poltrone, apparecchiandosi i Fiorentini di fare sopra la città di Siena maggiore oste che per gli anni passati non aveano fatta, e' Sanesi veggendosi molto guasti del loro contado, e la loro forza e potenza molto affiebolita, sì richiesono di pace i Fiorentini, la quale fu esaudita e ferma con patti, che' Sanesi alle loro spese rifacessono Montepulciano, e quetassollo d'ogni ragione e domanda, e alle loro spese, a ·ppetizione de' Fiorentini, fornissono il castello di Monte Alcino, il quale era in lega co' Fiorentini, e riebbono i loro pregioni; la quale guerra pienamente era durata VI anni, onde i Fiorentini ebbono grande onore. Lasceremo alquanto de' fatti di Firenze e del paese intorno, faccendo incidenzia, tornando addietro, per raccontare de' fatti, e dell'opere, e guerre dello 'mperadore Federigo alla Chiesa di Roma; le quali novitadi furono sì grandi, che bene sono da notare, imperciò che furono commovimento quasi a tutto il mondo, onde molto ne cresce materia di dire.

XIV *Come lo 'mperadore Federigo venne in discordia colla Chiesa.*

Dapoi che Federigo secondo fue coronato da papa Onorio, come detto avemo addietro, nel suo cominciamento fu amico della Chiesa, ma poco tempo appresso per la sua superbia e avarizia cominciò ad esurpare le ragioni della Chiesa in tutto suo imperio, e nel reame di Cicilia e di Puglia, promutando vescovi, e arcivescovi, e altri prelati, e cacciandone quegli messi per lo papa, e faccendo imposte e taglie sopra i cherici a vergogna di santa Chiesa; per la qual cosa da papa Onorio detto che ·ll'avea coronato fue citato e ammonito che lasciasse a santa Chiesa le sue giuridizioni, e rendesse il censo. Il quale imperadore veggendosi in grande potenzia e stato, sì per la forza degli Alamanni e per quella del reame di Cicilia, e ch'era signore del mare e della terra, e temuto da tutti i signori de' Cristiani, e eziandio da' Saracini, e veggendosi abracciato de' figliuoli che della prima donna figliuola dell'antigrado d'Alamagna avea, Arrigo e Currado, il quale Arrigo già avea fatto coronare in Alamagna re de' Romani, e Currado era duca di Soavia, e Federigo d'Antioccia suo primo figliuolo naturale fece re, e Enzo suo figliuolo naturale era re di Sardigna, e Manfredi prenze di Taranto, non si volle dechinare all'obedienza della Chiesa, anzi fu pertinace, vivendo mondanamente in tutti i diletti corporali. Per la qual cosa dal detto papa Onorio fu scomunicato gli anni di Cristo..., e per ciò non lasciò di perseguire la Chiesa, ma maggiormente occupava le sue ragioni, e così stette nimico della Chiesa e di papa Onorio infino che vivette. Il quale papa passò di questa vita gli anni di Cristo MCCXXVI, e dopo lui fu fatto papa Gregorio nono nato d'Alagna di Campagna, il quale regnò papa anni XIIII; il quale papa Gregorio ebbe collo imperadore Federigo grande guerra, imperciò che ·llo 'mperadore in nulla guisa volea lasciare le ragioni e giuridizioni di santa Chiesa, ma maggiormente l'occupava, e molte chiese del Regno fece abattere e disertare, faccendo imposte gravi a' cherici, e alle chiese. E' Saracini, i quali erano in sulle montagne di Trapali in Cicilia, per esser più al sicuro dell'isola, e dilungati da' Saracini della Barberia, e ancora per tenere per loro in paura i suoi suditi del regno di Puglia, con ingegno e promesse gli trasse di quelle montagne, e misegli in Puglia in una antica città diserta, che anticamente fue in lega co' Romani, e fue disfatta per gli Sanniti, cioè per quelli di Benevento, la quale allora si chiamava Licera, e oggi si chiama Nocera, e furono più di XXm uomini d'arme, e quella città rifeciono molto forte; i quali più volte corsono le terre di Puglia e guastarle. E quando il detto imperadore Federigo ebbe guerra colla Chiesa, gli fece venire sopra il ducato di Spuleto, e assediaro in quel tempo la città d'Ascesi, e feciono gran danno a santa Chiesa. Per la qual cosa il detto papa Gregorio confermò contra lui le sentenzie date per papa Onorio suo predecessore, e di nuovo gli diè sentenzia di scomunicazione gli anni di Cristo...

XV *Come fu fatto accordo da papa Gregorio e lo 'mperadore Federigo.*

Avenne in que' tempi, dapoi che 'l soldano e' Saracini d'Egitto ripresono la città di Dammiata, e quella di

Ierusalem, e gran parte della Terrasanta, il re Giovanni ch'era allora re di Ierusalem, il quale fu del legnaggio del conte di Brenna, e per sua bontà essendo oltremare ebbe per moglie la figliuola che fu del re Almerigo re di Ierusalem, della schiatta di Gottifredi di Buglione, ch'era reda, e per lei era re di Ierusalem, veggendo la Terrasanta in male stato per la soperchia forza de' Saracini, passò in ponente per avere aiuto dal papa e da la Chiesa, e dallo imperadore Federigo, e dal re di Francia, e dagli altri re di Cristianità, e trovò papa Gregorio detto di sopra co la Chiesa a Roma molto tribolato da Federigo imperadore; e mostrando al detto papa il grande bisogno che ·lla Terrasanta avea d'aiuto e di soccorso, e come Federigo imperadore era quegli che più vi potea operare di bene per la sua gran forza e podere ch'egli avea in mare e in terra, sì cercò pace tra la Chiesa e 'l detto imperadore, acciò ch'egli andasse oltremare al passaggio, e il papa gli perdonasse l'offese fatte alla Chiesa e ricomunicasselo. Il quale accordo fu fatto per lo detto re Giovanni, ch'era savio e valoroso signore. E oltre a ·cciò fatta la detta pace, il detto papa Gregorio diè per moglie allo 'mperadore Federigo, ch'era morta la sua prima donna, la figliuola del detto re Giovanni ch'era reda del reame di Ierusalem per la madre, e promise e giurò il detto imperador di difendere il detto papa e la Chiesa da' malvagi mani, che tutto dì erano ribelli contra la Chiesa per loro avarizia, e poi d'andare oltremare con tutta sua forza al passaggio ordinato per lo detto papa. E fatta la detta pace, la figliuola del re Giovanni venne di Soria a Roma, e lo 'mperadore la sposò con gran festa per mano del detto papa Gregorio, e di lei ebbe tosto uno figliuolo ch'ebbe nome Giordano, ma poco tempo vivette. Ma per l'opera del nimico dell'umana generazione, trovando Federigo corrotto in vizio di lussuria, si giacque con una cugina della detta imperadrice e reina, ch'era pulcella e di sua camera privata; e la 'mperadrice lasciando, e trattandola male, sì si dolfe al re Giovanni suo padre dell'onta e vergogna che Federigo le facea, e avea fatto della nipote. Per la qual cosa il re Giovanni crucciato, di ciò dolendosi allo 'mperadore, e ancora minacciandolo, lo 'mperadore batté la moglie, e misela in pregione, e mai poi non istette co ·llei; e secondo che ·ssi disse, tosto la fece morire. E lo re Giovanni, il quale era in Puglia, tutto governatore per la Chiesa e per lo 'mperadore a ·ffare fornire e apparecchiare lo stuolo del passaggio che dovea andare oltremare, si ·ll'acommiatò del Regno, onde molto isconciò il passaggio per la detta discordia. Poi il re Giovanni tornò a Roma al papa, dogliendosi molto di Federigo, e andossene in Lombardia, e da' Lombardi molto fue onorato, e ubbidieno lui più che ·llo 'mperadore; onde grande parte e sette si cominciaro in Lombardia e in Toscana, che molte terre si teneano dalla parte della Chiesa e del re Giovanni e altre collo imperadore. Poi lo re Giovanni andòe in Francia e inn Inghilterra, e grande aiuto ebbe da tutti que' signori per lo passaggio, e per mantenere le terre d'oltremare che ·ssi teneano per gli Cristiani.

XVI *Come la Chiesa ordinò il passaggio oltremare, ond'era capitano lo 'mperadore Federigo, il quale mosso lo stuolo si tornòe addietro.*

Infra questo tempo papa Gregorio con grande sollecitudine formò l'apparecchiamento del passaggio d'oltremare. Per lo detto papa Gregorio sì richiese lo 'mperadore Federigo che attenesse la promessa e saramento fatto a la Chiesa, d'andare oltremare con uno legato cardinale, e egli fosse signore dello stuolo in mare e in terra. Il quale imperadore fece tutto l'apparecchiamento, e collo stuolo de' Cristiani si partì di Brandizio in Puglia gli anni di Cristo MCCXXXIII, e come lo stuolo fu alquanto infra mare e mosso a piene vele, lo 'mperadore Federigo segretamente fece volgere la sua galea, e tornossi in Puglia, sanza andare oltremare, egli e gran parte di sua gente. Per la qual cosa il papa e tutta la Chiesa indegnati dell'opere e falli di Federigo, tegnendo ch'egli avesse ingannata e tradita la Chiesa e tutta la Cristianità, e messo in grande pericolo le bisogne e 'l soccorso della santa terra d'oltremare, il detto papa Gregorio scomunicò da capo il detto imperadore Federigo, gli anni di Cristo MCCXXXIII. Questo ritorno che ·llo 'mperadore fece, e non seguire il passaggio giurato, egli medesimo e chi ·llo volle difendere disse ch'avea sentito che come fosse oltremare, il papa e la Chiesa col re Giovanni gli dovea rubellare il regno di Cicilia e di Puglia. Altri dissono che 'l detto imperadore al continuo s'intendea col soldano di Babbillonia per lettere e messaggi e grandi presenti, e ch'egli mandò con patti fatti e fermi che s'egli rompesse il detto grande passaggio (temendo forte de' Cristiani), che a ·ssua volontà il metterebbe in signoria e sagina del reame di Ierusalem sanza colpo di spada; le quali di su dette cagioni e l'una e l'altra pareano esser il vero, per le cose che avennero appresso; imperciò che con tutta la pace e accordo fatto da la Chiesa allo 'mperadore, sempre di ciascuna parte rimase la mala volontà, e maggiormente nello 'mperadore, per la sua superbia.

XVII *Come lo 'mperadore Federigo passòe oltremare, e fece pace col soldano, e riebbe Ierusalem contra volontà della*

Chiesa.

Poi gli anni di Cristo MCCXXXIIII lo 'mperadore Federigo fatta sua armata e grande apparecchiamento, sanza richiedere il papa o la Chiesa, o nullo altro signore de' Cristiani, si mosse di Puglia e andonne oltremare più per avere la signoria di Ierusalem, come gli avea promessa il soldano, che per altro benificio di Cristianità; e ciò apparve apertamente, ché giunto lui in Cipri, e mandato in Soria innanzi il suo maliscalco con parte di sua gente, non intese a guerreggiare i Saracini, ma i Cristiani; ché tornando i pellegrini d'una cavalcata fatta sopra i Saracini con grande preda e molti pregioni, il detto maliscalco combatté co·lloro, e molti n'uccise, e rubò loro tutta la preda. E questo si disse che fece per lo trattato che·llo 'mperadore tenea col soldano, stando lui in Cipri, che spesso si mandavano ambasciadori e ricchi presenti. E ciò fatto, lo 'mperadore n'andòe in Acri, e volle disfare il tempio d'Acri a' Tempieri, e fece torre loro castella, e mandòe suoi ambasciadori a papa Gregorio, che gli piacesse di ricomunicarlo, imperciò ch'avea fatta sua penitenza e saramento; dal quale papa non fu intesa sua petizione e richesta, imperciò che al papa e alla Chiesa era palese per lettere e per messaggi venuti di Soria dal legato del papa, e dal patriarca di Ierusalem, e dal mastro del Tempio, e da quello dello Spedale, e da più altri signori di là, che·llo imperadore non facie in Soria nullo beneficio comune de' Cristiani, né co' signori ch'erano di là non consigliava al racquisto della Terrasanta, ma istava in trattati col soldano e co' Saracini. E al detto trattato e accordo diede compimento abboccandosi a parlamento col soldano, nel quale il soldano gli fece molta reverenza, dicendogli: "Tu se' Cesare de' Romani, maggiore signore di me". L'accordo fu tra ·lloro in questo modo, che 'l soldano gli rendé a queto la città di Ierusalem, salvo il tempio *Domini* che volle rimanesse a la guardia de' Saracini, acciò che vi si gridasse la salà, e chiamasse Maometto; e lo 'mperadore l'asentì per dispetto e mala volontà ch'avea co' Tempieri, e lasciogli il soldano tutto il reame di Ierusalem, salvo il castello chiamato il Craito di Monreale, e più altre castella fortissime alle frontiere, e erano la chiave e l'entrata del reame. A la qual pace non fu consenziente il legato del papa cardinale, né 'l patriarca di Ierusalem, né Tempieri, né gli Spedalieri, né gli altri signori di Soria, né capitani de' pellegrini, imperciò che a ·lloro parve falsa pace, e a danno e vergogna de' Cristiani, e a sconcio del racquisto della Terrasanta. Ma però lo 'mperadore Federigo non lasciò, ma co' suoi baroni e col mastro maggiore de la magione degli Alamanni andò in Ierusalem, e fecesi coronare in mezza quaresima, gli anni di Cristo MCCXXXV. E ciò fatto, sì mandò suoi ambasciatori in ponente a significarlo al papa, e al re di Francia, e a più altri re e signori, com'era coronato, e possedea il reame di Ierusalem; de la qual cosa il papa e tutta la Chiesa ne furono crucciosi a morte, conoscendo come ciò era falsa pace, e con inganno a piacere del soldano, acciò che' pellegrini ch'erano iti al passaggio nol potessono guerreggiare. E videsi apertamente, ché poco appresso che Federigo fu tornato in ponente i Saracini ripresono Ierusalem e quasi tutto il paese che 'l soldano gli avea renduto, a grande danno e vergogna de' Cristiani; e rimase la Terrasanta e la Soria in peggiore stato che no ·lla trovò.

XVIII *Come lo 'mperadore tornò d'oltremare perché gli era rubellato il Regno, e come ricominciò la guerra colla*

Chiesa.

Come papa Gregorio seppe la falsa pace fatta per lo 'mperadore Federigo e col soldano, a vergogna e danno de' Cristiani, incontanente ordinò col re Giovanni, il quale era in Lombardia, che colla forza della Chiesa entrasse con gente d'arme nel regno di Puglia a rubellare il paese a Federigo imperadore; e così fece, e gran parte del Regno ebbe a' suoi comandamenti e della Chiesa. Incontanente che Federigo ebbe oltremare la novella, lasciò il suo maliscalco, il quale non intese ad altro ch'a guerreggiarsi co' baroni di Soria per occupare loro città e signoria, che' loro anticessori con grande affanno e dispendio e spargimento di sangue aveano conquistato sopra i Saracini, e combattési col re Arrigo di Cipri e co' baroni di Soria, e sconfissegli a saetta; ma poi fue egli sconfitto in Cipri, e perdé quasi tutto il reame di Ierusalem in poco tempo, ché 'l ripresono i Saracini per la discordia ch'era tra 'l detto maliscalco e gli altri signori cristiani. E chi queste storie vorrà meglio sapere le troverrà distesamente nel libro del conquisto. Lasceremo omai de' fatti d'oltremare, e diremo di Federigo, il quale con due galee solamente, gli anni di Cristo MCCXXXVI, arrivò al castello d'Astone in Puglia, la quale fu la prima terra che gli s'arrendé. E lui arrivato in Puglia, raunò le sue forze, e cominciarsi le terre a ritornare alla sua signoria; e mandò in Alamagna per Currado suo figliuolo e per lo duca d'Ostericchi, i quali con gente grande vennero in Puglia, e per la loro forza tutto il paese che gli s'era rubellato racquistaro, e più; che 'l Patrimonio San Piero, e il ducato di Spuleto, che sono propio retaggio della Chiesa, e la Marca d'Ancona, e la città di Benevento, camera della Chiesa, occupò, menando in loro oste i Saracini di Nocera, tutto tolsono a santa

Chiesa, e 'l papa Gregorio quasi assediaro in Roma, e con dispendio di moneta fatto per Federigo a certi malvagi nobili romani avrebbe preso il detto papa Gregorio in Roma, il quale accorgendosi di ciò, trasse di Santo Santoro di Laterano la testa de' beati appostoli Pietro e Paulo, e con essi in mano, con tutti i cardinali, vescovi, e arcivescovi, e altri prelati ch'erano in corte, e col chericato di Roma, con solenni digiuni e orazioni andò per tutte le principali chiese di Roma a processione; per la quale devozione e miracolo de' detti santi appostoli il popolo di Roma fu tutto rivocato a la difensione del papa e della Chiesa, e quasi tutti si crucciaro contra Federigo, dando il detto papa indulgenza e perdono di colpa e di pena. Per la qual cosa Federigo, che di queto si credeva intrare in Roma e prendere il detto papa, sentita la detta novitade, temette del popolo di Roma e si ritrasse in Puglia, e il detto papa fu liberato, con tutto che molto fosse afflitto dal detto imperadore, però ch'egli tenea tutto il Regno e Cicilia, e avea preso il ducato di Spuleto, e Campagna, e il Patrimonio Santo Piero, e la Marca, e Benevento, come detto è di sopra, e distruggea in Toscana e in Lombardia tutti i fedeli di santa Chiesa.

XIX *Come lo 'mperadore Federigo fece che' Pisani presono in mare i parlati della Chiesa che venieno al concilio.*

Papa Gregorio veggendo la Chiesa di Dio così tempestata da Federigo imperadore, ordinò di fare a Roma concilio generale, e mandò in Francia due legati cardinali, l'uno fu messer Iacopo vescovo di Pilestrino, e l'altro messer Oddo vescovo di Porto detto il cardinale Bianco, acciò che richiedessono il re Luis di Francia e quello d'Inghilterra d'aiuto contra Federigo, e che sommovessono tutti i prelati d'oltremonti a venire al concilio, per dare sentenzia contra Federigo. I quali legati sollicitamente fecero loro legazione, e predicando contro a Federigo, tutto il ponente scommossono contra lui. E 'l cardinale Bianco ne venne innanzi con molti prelati, arcivescovi, e vescovi, e abati, i quali arrivarono a Nizza in Proenza, e poco appresso vi venne e arrivò l'altro cardinale di Pilestrino, imperciò che per Lombardia non poterono avere il cammino, ché Federigo avea a sua gente fatti prendere i passi e le strade in Toscana e in Lombardia. Per la qual cosa papa Gregorio mandò a' Genovesi che co·lloro navilio, alle spese della Chiesa, dovessono levare i detti cardinali e parlati da Nizza, e conducergli per mare a Roma; la quale cosa fu fatta, ch'egli armaro in Genova che galee, e che uscieri, e batti, e barcosi, in quantità di LX legni, onde fu ammiraglio messere Guiglielmo Ubbriachi di Genova. Lo 'mperadore Federigo, il quale non dormia a perseguitare santa Chiesa, mandò Enzo suo figliuolo bastardo con galee armate del Regno a Pisa, e mandò a' Pisani che dovessono armare galee, e intendere col detto Enzo a prendere i detti parlati; i quali armaro XL galee di molta buona gente, onde fue ammiraglio messer Ugolino Buzzaccherini di Pisa; e sentendo la venuta de' legni de' Genovesi, si feciono loro incontro tra Porto Pisano e l'isola di Corsica. E ciò sentendo i cardinali, e' parlati, e' signori ch'erano in sull'armata de' Genovesi, pregarono l'amiraglio che tenesse la via di fuori dall'isola di Corsica per ischifare l'armata de' Pisani, non sentendo la loro armata con tante galee di corso e da battaglia, e molti legni grossi carichi di cavalli, e d'arnesi, e di cherici, e di gente disutile a battaglia. Messere Guiglielmo Obbriaco, ch'era di nome e di fatto e uomo di testa e di poco senno, non volle seguire quello consiglio, ma per sua superbia e disdegno de' Pisani si volle conducere alla battaglia, la quale fu aspra e dura, ma tosto fu sconfitta l'armata de' Genovesi da' Pisani, onde furono presi i detti legati cardinali e prelati, e molti n'anegaro e gittaro in mare sopra lo scoglio, overo isoletta, che si chiama la Meloria, presso a Porto Pisano, e gli altri ne menarono presi nel Regno, e più tempo gli tenne lo 'mperadore in diverse pregioni; e ciò fu gli anni di Cristo MCCXXXVII. Per la qual cosa la Chiesa di Dio ricevette grande danno e persecuzione; e se non fossono i messaggi del re Luis di Francia, e le minacce, se non lasciasse i parlati di suo reame, Federigo non gli avrebbe mai diliberi; ma per paura della forza de' Franceschi, quegli ch'erano rimasi in vita poveramente diliberò di pregione, ma molti ne moriro innanzi per diverse pregioni, fame, e disagi. Per la detta presura furono scomunicati i Pisani, e tolto loro ogni benificio di santa Chiesa, e cominciossene la prima guerra tra Genovesi e' Pisani; onde poi Iddio per lo suo giudicio, de' Pisani per la forza de' Genovesi fece giusta e aspra vendetta, come innanzi farà menzione.

XX *Come i Melanesi furono sconfitti dallo 'mperadore.*

Poi che Federigo imperadore si fu partito dall'asedio di Roma e tornato in Puglia, come addietro facemmo menzione, ebbe novelle come la città di Milano, e Parma, e Bologna, e più altre terre di Lombardia e di Romagna s'erano rubellate dalla sua signoria, e teneano parte colla Chiesa; per la qual cosa si partì dal Regno, e andonne colle sue forze in Lombardia, e là fece molta guerra alle cittadi che si teneano colla Chiesa. A la fine i Melanesi con tutta loro forza, e del legato del papa, e di tutta la lega di Lombardia, che teneano colla Chiesa, s'afrontaro a battaglia col detto imperadore al luogo detto Cortenuova, e dopo la grande battaglia Melanesi e tutta loro oste furono sconfitti, gli anni di Cristo MCCXXXVII, onde ricevettono gran danno di morti e de' presi; e prese il carroccio loro, e la loro podestà ch'era figliuolo del dogio di Vinegia, e lui e molti nobili di Milano e di Lombardia ne mandò presi in Puglia, e la detta podestà fece impiccare a Trani in Puglia sopra un'alta torre a la marina, e gli altri pregioni, cui fece morire a tormento, e cui in crudeli carcere. Per la detta vittoria lo 'mperadore ricoverò la sua signoria, e assediò Brescia con più di VIm cavalieri, e furonvi i Guelfi e' Ghibellini di Firenze a gara al servigio dello 'mperadore, e poi l'ebbe a patti; e simile tutte le città e terre di Lombardia, salvo Parma e Bologna; e montò in grande superbia e signoria, e 'l papa e ·lla Chiesa e tutti i suoi seguaci n'abassaro molto in tutta Italia. Per la qual cosa poco tempo appresso papa Gregorio quasi per dolore infermò, e poi morì a Roma gli anni di Cristo MCCXXXVIIII; e dopo lui fu fatto papa Celestino nato di Milano, ma non vivette che XVII dì nel papato, e vacò la Chiesa sanza pastore XX mesi in mezzo, imperciò che era tanta la forza di Federigo, che non lasciava fare papa, se non fosse a sua volontà. E di ciò era grande contasto nella Chiesa, che' cardinali erano tornati a picciolo numero per le tribolazioni e aversitadi ch'avea avuta la Chiesa dal detto Federigo, e che era sì infiebolita la forza e la baldanza della Chiesa, che non ardivano gli cardinali a fare più ch'allo 'mperadore piacesse, e a fare il suo volere non s'accordavano e non piaceva loro.

XXI *Come Federigo imperadore assediò e prese la città di Faenza.*

Nella detta vacazione, cioè gli anni di Cristo MCCXL,

Federigo imperadore tribolando e perseguendo tutte le terre e città e signori che si teneano a la fedeltà e obbedienza di santa Chiesa, sì entrò nella contea di Romagna, la quale si dicea ch'era di ragione di santa Chiesa, e quella ribellò e tolse per forza, salvo che si tenne la città di Faenza, a la quale stette con sua oste all'asedio VII mesi, e poi l'ebbe a patti; e nel detto asedio ebbe gran difalta e di vittuaglia e di moneta, e poco vi fosse più dimorato all'assedio, era stancato. Ma lo 'mperadore per suo senno, fallitagli la moneta, e impegnati i suoi gioelli e vasellamenti, e più moneta non potea rimedire, sì ordinò di dare a' suoi cavalieri e a chi servia l'oste una stampa in cuoio di sua figura, stimandola in luogo di moneta, sì come la valuta d'uno agostaro d'oro; e quelle stampe promise di fare buone per la detta valuta a chiunque poi l'arecasse al suo tesoriere, e fece bandire che ogni maniera di gente per tutte vittuaglie le prendesse sì come moneta d'oro, e così fu fatto, e in questo modo civanzò la sua oste. E poi avuta la città di Faenza, a chiunque avea delle dette stampe gli cambiò ad agostari d'oro, i quali valea l'uno la valuta di fiorini uno e quarto; e dall'uno lato dell'agostaro improntato era il viso dello 'mperadore a modo di Cesari antichi, e da l'altro una aguglia, e era grosso, e di carati XX di fine paragone, e questa molto ebbe grande corso al suo tempo e poi assai nella detta oste. Furono i Fiorentini, Guelfi e Ghibellini, in servigio dello imperadore.

XXII *Come lo 'mperadore fece pigliare il re Arrigo suo figliuolo.*

In questi medesimi tempi, con tutto che prima si cominciasse, Arrigo Sciancato, primogenito del detto Federigo imperadore, il quale avea fatto eleggere da' lettori d'Alamagna re de' Romani, come addietro fatta è menzione, veggendo egli che ·llo 'mperadore suo padre facie ciò che potea di contradio a santa Chiesa, de la qual cosa prese conscienzia, e più volte riprese il padre, ch'egli faceva male. Della qual cosa lo 'mperadore il si recò a contradio, e non amandolo né trattandolo come figliuolo, fece nascere falsi accusatori che 'l detto Arrigo gli volea fare rubellazione, a petizione della Chiesa, di suo imperio; per la qual cosa, o vero o falso che fosse, fece prendere il detto suo figliuolo re Arrigo e due suoi figliuoli piccoli garzoni, e mandogli in Puglia in diverse carcere, e in quelle il fece morire a inopia a grande tormento, i figliuoli poi fé morire Manfredi. Lo 'mperadore mandò inn Alamagna, e di capo fece eleggere re de' Romani succedente a ·llui Currado suo secondo figliuolo; e ciò fu gli anni di Cristo MCCXXXVI. Poi alquanto tempo lo 'mperadore fece abbacinare il savio uomo maestro Piero da le Vigne, il buono dittatore, opponendogli tradigione; ma ciò gli fu fatto per invidia di suo grande stato. Per la qual cosa il detto per dolore si lasciò tosto morire in pregione, e chi disse ch'egli medesimo si tolse la vita.

XXIII *Come si cominciò la guerra tra papa Innocenzio quarto e lo 'mperadore Federigo.*

Avenne poi, come piacque a ·dDio, che fu eletto papa messer Ottobuono dal Fiesco, de' conti da Lavagna di Genova, il quale era cardinale, e fu fatto papa per lo più amico e confidente che ·llo 'mperadore Federigo avesse in santa Chiesa, acciò che accordo avesse dalla Chiesa a ·llui, e fu chiamato papa Innocenzio quarto. E ciò fu gli anni di Cristo MCCXLI, e regnò papa anni XI, e riempié la Chiesa di molti cardinali di diversi paesi di Cristianità. E come fu eletto papa, fu recata la novella allo 'mperadore Federigo per grande festa, sappiendo ch'egli era suo grande amico e protettore. Ma ciò udito lo 'mperadore, si turbò forte, onde i suoi baroni si maravigliarono molto. E que' disse: "Non vi maravigliate, però che di questa elezione avemo molto disavanzato; ch'egli ci era amico cardinale, e ora ci fia nimico papa"; e così avenne, ché come il detto papa fu consecrato, sì fece richiedere allo 'mperadore le terre e le giuridizioni che tenea della Chiesa, della quale richesta lo 'mperadore il tenne più tempo in trattato d'accordo, ma tutto era vano e per inganno. A la fine veggendosi il detto papa menare per ingannevoli parole, a danno e vergogna di lui e di santa Chiesa, divenne più nimico di Federigo imperadore che nonn-erano stati i suoi anticessori; e veggendo che la forza dello imperadore era sì grande che quasi tutta Italia tirannescamente signoreggiava, e' cammini tutti presi, e per sue guardie guardati, che nullo potea venire a corte di Roma sanza sua volontà e licenza, e 'l detto papa veggendosi per lo detto modo così assediato, sì ordinò segretamente per gli suoi parenti di Genova, e fece armare XX galee, e subitamente le fece venire a Roma, e ivi su montò con tutti i cardinali e con tutta la corte, e di presente si fece portare alla sua città di Genova sanza contasto niuno; e soggiornato alquanto in Genova, se n'andò a Leone sovra Rodano per la via di Proenza; e ciò fu gli anni di Cristo MCCXLI.

XXIV *Della sentenzia che papa Innocenzo diede al concilio al Leone sovra Rodano sopra Federigo imperadore.*

Come papa Innocenzo fue a Leone, ordinò concilio generale nel detto luogo, e fece richiedere per l'universo mondo vescovi e arcivescovi e altri prelati, i quali tutti vi vennero. E vennollo a vedere infino a la badia di Crugnì in Borgogna il buono re Luis di Francia, e poi venne infino al concilio a ·lLeone, ove sé e 'l suo reame proferse al servigio del detto papa e di santa Chiesa contra Federigo imperadore, e contra chi fosse nimico di santa Chiesa, e crociossi per andare oltremare. E partito il re Luis, il papa fece nel detto concilio più cose in bene della Cristianità, e canonizzò più santi, come fa menzione la cronica martiniana nel suo trattato. E ciò fatto, il detto papa fece citare il detto Federigo, che personalmente dovesse venire al detto concilio, sì come in luogo comune, a scusarsi di XIII articoli provati contro a ·llui di cose fatte contra a la fede di Cristo e contra a santa Chiesa. Il quale imperadore non vi volle comparire, ma mandovvi suoi ambasciadori e proccuratori, il vescovo di Freneborgo d'Alamagna, e frate Ugo mastro della magione di Santa Maria degli Alamanni, e il savio cherico e maestro Piero da le Vigne del Regno, i quali scusando lo 'mperadore come nonn-era potuto venire per malatia e disagio di sua persona, ma pregando il detto papa e' suoi frati che gli dovessono perdonare, e ch'egli tornerebbe a misericordia, e renderebbe ciò che occupava della Chiesa, e profersono, se 'l papa gli volesse perdonare, s'obbligava che infra uno anno adoperrebbe sì che 'l soldano de' Saracini renderebbe a' suoi comandamenti la Terrasanta d'oltremare. E 'l detto papa udendo le 'nfinte scuse e vane proferte dello 'mperadore, domandò i detti ambasciadori se di ciò fare aveano autentico mandato, li quali appresentaro piena procura a tutto promettere e obbligare sotto bolla d'oro del detto imperadore. E come il papa l'ebbe a ·ssé, in pieno concilio e presenti i detti ambasciadori, abbominò Federigo di tutti i detti XIII articoli colpevole, e per ciò confermare disse: "Vedete, fedeli Cristiani, se Federigo tradisce santa Chiesa e tutta Cristianità, che secondo il suo mandato egli proffera infra uno anno di fare rendere la Terrasanta al soldano; assai chiaramente si mostra che 'l soldano la tiene per lui, a vergogna di tutti i Cristiani". E ciò detto e sermonato, fece piuvicare il processo incontro al detto impradore, e condannollo e scomunicollo siccome eretico e persecutore di santa Chiesa, agravandolo di più crimini disonesti contra lui provati, e privollo della signoria dello 'mperio, e del reame di Cicilla, e di quello di Ierusalem, assolvendo d'ogni fedeltà e saramento tutti i suoi baroni e sudditi, iscomunicando chiunque l'ubbidisse, o gli desse aiuto o favore, o più il chiamasse imperadore o re. E il detto processo fu fatto al detto concilio a Leone sopra Rodano gli anni di Cristo MCCXLV, dì XVII di luglio. Le principali ragioni perché Federigo fu condannato furono IIII: la prima imperciò che, quando la Chiesa lo 'nvestì del reame di Cicilla e di Puglia, e poi dello 'mperio, giurò a la Chiesa dinanzi a' suoi baroni, e dinanzi allo 'mperatore Baldovino di Costantinopoli, e a ·ttutta la corte di Roma di difendere santa Chiesa in tutti suoi onori e diritti contra tutte genti, e di dare il debito censo, e ristituire tutte le possessioni e giuridizioni di santa Chiesa; delle quali cose fece il contradio, e fu ispergiuro, e tradimento commise, e infamò villanamente a torto papa Gregorio VIIII e' suoi cardinali per sue lettere per l'universo mondo. La seconda cosa fu che ruppe la pace fatta da ·llui alla Chiesa, non ricordandosi della perdonanza a ·llui fatta delle scomuniche e degli altri misfatti per lui operati contra santa Chiesa; e quegli che furono colla Chiesa contro a ·llui in quella pace giurò e promise di mai non offendere, e elli fece tutto il contradio; che tutti gli disperse, o per morte o per esilio, loro e loro famiglie, levando loro possesioni, e non ristituì a' Tempieri né agli Spedalieri le loro magioni per lui occupate, le quali per patti della pace avea promessi di ristituire e rendere, e lasciò per forza vacanti XI arcivescovadi, con molti vescovadi e badie nello imperio e nel reame, i quali non lasciava a quegli che degnamente erano eletti per lo papa tenere né coltivare, faccendo forze e torzioni alle sacre persone, recandoli a piati dinanzi a' suoi balii e corti secolari. La terza causa fu per sacrilegio che fece, che per le galee di Pisa e per lo figliuolo re Enzo fece pigliare i cardinali e molti parlati in mare, come detto è in adietro, e di quegli mazzerare in mare, e tenere morendo in diverse e aspre carcere. La quarta causa fu perch'egli fu trovato e convinto in più articoli di resia di fede; e di certo egli non fu cattolico Cristiano, vivendo sempre più a suo diletto e piacere, che a ragione, o a giusta legge, e participando co' Saracini: sempre usò poco o niente la Chiesa e 'l suo oficio, e non facie limosina; sì che non sanza grandi cagioni e evidenti fue disposto e condannato; e con tutto che molta molestia e persecuzione facesse a santa Chiesa, come fue condannato, ogni onore e stato e potenzia e grandezza in poco di tempo Idio gli levò, e gli mostrò la sua ira, sì come innanzi faremo menzione. E perché molti fecero questione chi avesse il torto della discordia, o la Chiesa o lo 'mperadore, udendo le sue scuse per le sue lettere, a ·cciò rispondo e dico, manifestamente e per divino miracolo, ma più miracoli si mostrarono, che 'l torto fu dello 'mperadore, imperciò che aperti e visibili giudicii Idio mostrò per la sua ira a Federigo e a sua progenia.

XXV *Come il papa e la Chiesa feciono eleggere nuovo*

imperio contra Federigo disposto imperadore.

E disposto e condannato il detto Federigo, com'è detto di sopra, il papa mandò agli elettori d'Alamagna che hanno a eleggere il re de' Romani, che dovessono sanza indugio fare nuova elezione d'imperio, e così fue fatto; ch'eglino elessono Guiglielmo conte d'Olanda e antigrado, valente signore, al quale la Chiesa diè le sue forze, e fecegli rubellare gran parte d'Alamagna, e diede indulgenza e perdono, sì come andasse oltremare, a chi fosse contro al detto Federigo; onde in Alamagna ebbe grande guerra tra 'l detto eletto re Guiglielmo d'Olanda e 'l re Currado figliuolo del detto Federigo. Ma poco durò di là la guerra, ché si morì il detto re Guiglielmo gli anni di Cristo..., e regnò in Alamagna Currado detto, il quale il padre Federigo imperadore avea fatto eleggere re, come faremo menzione. Di questa sentenzia Federigo appellò al successore di papa Innocenzo, e mandò sue lettere e messaggi per tutta la Cristianità, dolendosi della detta sentenzia, e mostrando com'era iniqua, come appare per la sua pistola la quale dittò il detto maestro Piero da le Vigne, che comincia detta la salutazione: "Avegna che noi crediamo che parole della innanzi corritrice novella etc.". Ma considerando la verità del processo e dell'opere di Federigo fatte contro a la Chiesa, e della sua dissoluta e non cattolica vita, egli fu colpevole e degno della privazione, per le ragioni dette nel detto processo, e poi per l'opere commesse per lo detto Federigo appresso la sua privazione; che se prima fue, e era stato crudele e persecutore di santa Chiesa e de' suoi fedeli in Toscana e in Lombardia, appresso fu maggiormente infino che vivette, come innanzi faremo menzione. Lasceremo alquanto la storia de' fatti di Federigo, ritornando addietro, ove lasciammo, a' fatti di Firenze, e dell'altre notevoli novitadi avenute per gli tempi per l'universo mondo, ritornando poi all'opere e alla fine del detto Federigo e de' suoi figliuoli.

XXVI *Incidenza, e diremo de' fatti di Firenze.*

Negli anni di Cristo MCCXXXVII, essendo podestà di Firenze messer Rubaconte da Mandello da Milano, si fece in Firenze il ponte nuovo, e elli fondò con sua mano la prima pietra, e gittò la prima cesta di calcina; e per lo nome della detta podestà fu nomato il ponte Rubaconte. E alla sua signoria si lastricarono tutte le vie di Firenze, che prima ce n'avea poche lastricate, se non in certi singulari luoghi, e mastre strade lastricate di mattoni; per lo quale acconcio e lavorio la cittade di Firenze divenne più netta, e più bella, e più sana.

XXVII *Come e quando scurò tutto il sole.*

L'anno appresso, ciò fu MCCXXXVIII a dì III di giugno, iscurò il sole tutto a ·ppieno nell'ora di nona, e durò scurato parecchie ore, e del giorno si fece notte; onde molte genti ignoranti del corso del sole e dell'altre pianete si maravigliaro molto, e con grande paura e spavento molti uomini e femmine in Firenze, per la tema della non usata novità, tornaro a confessione e penitenzia. Dissesi per gli astrolaghi che la detta scurazione anunziò la morte di papa Gregorio, che morì l'anno appresso, e l'abassamento e scuritade ch'ebbe la Chiesa di Roma da Federigo imperadore, e molto danno de' Cristiani, come poi fu appresso.

XXVIII *Della venuta de' Tartari nelle parti d'Europia infino in Alamagna.*

Nel detto anno MCCXXXVIIII i Tartari, i quali erano scesi di levante, e presa Turchia e Cumania, sì passaro in Europia, e feciono due parti di loro, l'una andòe nel reame da ·Pollonia, e l'altra gente entraro in Ungaria, e colle dette nazioni ebbono dure e aspre battaglie; ma alla fine il fratello del re d'Ungaria ch'avea nome Filice, duca di Colmano in Pannonia, e lo re Arrigo da ·pPollonia uccisono e sconfissono in battaglia, e tutta la gente, sì uomini come femmine e fanciulli, misono alle spade e a morte; per la qual cagione i detti due così grandi paesi e reami furono quasi diserti d'abitanti. E dopo lo stimolo de' Tartari, quegli cotanti che di loro mano scamparono, fu sì grande e sì crudele fame nel paese, che la madre per la fame mangiava il figliuolo, e gran parte polvere d'uno monte che v'era, come diciamo gesso, in luogo di farina mangiavano. E guasti i Tartari quelli paesi, scorsono infino in Alamagna, e volendo passare il grande fiume del Danubio in Ostericchi, chi di loro con navi e, co ·lloro cavagli, e chi con otri pieni di vento, si misono nel fiume; e difesi con saette e altri ingegni e armi al passo del detto fiume, onde forati gli otri colle saette da' paesani, quasi tutti annegaro, e furono morti sanza potere ritornare adietro; e così finìo la loro pestilenzia, non sanza infinito e gravissimo danno de' Cristiani di quegli paesi lontani da ·nnoi. E di questa venuta de' Tartari fu sì grande e spaventevole fama, che infino in questo nostro paese si temea fortemente di loro, che non passassono in Italia.

XXIX *D'uno grande miracolo di tremuoto ch'avvenne in Borgogna.*

Nel detto anno avvenne nella Borgogna imperiale, nella contrada di..., per diversi tremuoti certe montagne si dipartirono, e per ruina nelle valli somersero; onde tutte le villate di quelle valli furono sommerse, ove morirono più di Vm persone.

XXX *D'uno grande miracolo che si trovò in Ispagna.*

Nel detto tempo e anno avenne uno miracolo in Ispagna, il quale è bene da notare, e per ogni Cristiano d'avere in reverenzia, e bene che sia in altre croniche, da recarlo in memoria in questo: ché regnando Ferrante re di Castello e di Spagna, nella contrada di Tolletta, uno Giudeo cavando una ripa per crescere una sua vigna, sotterra trovò uno grande sasso, il quale di fuori era tutto saldo e sanza neuna fessura, e rompendo il detto sasso, il trovò dentro vacuo, e dentro al vacuo, quasi imarginato col sasso, vi trovò uno libro con fogli sottili, quasi di legno, ed era di volume quasi com'uno saltero: iscritto era di tre lingue, greca, ebraica, e latina, e contenea in sé tre membri del mondo, da Adam infino ad Anticristo, le propietà degli uomini che doveano essere al mondo ne' detti isvariati tempi. Il principio del terzo mondo, overo secolo, puose così: "Nel terzo mondo nascerà il figliuolo di Dio d'una vergine ch'avrà nome Maria, il quale patirà morte per salute dell'umana generazione"; le quali cose leggendo il detto Giudeo, incontanente con tutta sua famiglia divenne Cristiano, e si feciono battezzare. E ancora era scritto a la fine del detto libro che nel tempo che Ferrante re regnerà in Castella si troverebbe il detto libro: lo quale miracolo veduto per molta gente degni di fede, fu rapportato al detto re, e fattane memoria, e grande reverenza. E 'l detto libro fu traslatato e isposto, e molte grandi profezie e vere vi si trovaro. E di certo si disse, e si dee credere, che ciò fosse opera fatta per la volontà di Dio. E simile miracolo si trovò in Gostantino sesto, i quali miracoli sono molto efficaci e affermativi a la nostra fede.

XXXI *Come fue fatto e poi disfatto il borgo a San Giniegio.*

Negli anni di Cristo MCCXL fue rifatto il borgo a San Giniegio a piè di Samminiato per quegli della terra, per lo buono sito e trapasso, il quale era in sul cammino di Pisa; ma poi l'anno MCCXLVIII, l'ultimo di giugno, fue disfatto per modo che mai più non si rifece.

XXXII *Come i Tartari sconfissono i Turchi.*

Negli anni di Cristo MCCXLIIII Hoccata Cane imperadore de' Tartari mandò Bacho suo secondo figliuolo contra il soldano d'Alappo e contra quello di Turchia, ch'avea nome Givatadin, con XXXm Tartari a cavallo, e nel luogo chiamato Cosadach fue dura e aspra battaglia tra' detti Tartari e' Turchi, e certi Cristiani ch'erano al soldo del soldano. A la fine il soldano e sua gente furono sconfitti, e più di XXm Saracini vi furono tra morti e presi.

XXXIII *Come di prima fu cacciata la parte guelfa di Firenze per gli Ghibellini e la forza di Federigo imperadore.*

Ne' detti tempi, essendo Federigo in Lombardia, e essendo disposto del titolo dello imperio per papa Innocenzio, come detto avemo, in quanto potéo si mise a distruggere in Toscana e in Lombardia i fedeli di santa Chiesa in tutte le città ov'ebbe podere. E prima cominciò a volere stadichi di tutte le città di Toscana, e tolse de' Ghibellini e de' Guelfi, e mandogli a Sa·Miniato del Tedesco; ma ciò fatto, fece lasciare i Ghibellini e ritenere i Guelfi, i quali poi abandonati, come poveri pregioni, di limosine in Samminiato stettono lungo tempo. E imperciò che la nostra città di Firenze in quelli tempi nonn-era delle meno notabili e poderose d'Italia, sì volle in quella spandere il suo veleno e fare partorire le maladette parti guelfa e ghibellina, che più tempo dinanzi erano incominciate per la morte di messer Bondelmonte, e prima, sì come adietro facemmo menzione. Ma bene che poi fossono le dette parti tra' nobili di Firenze, e spesso si guerreggiassono tra loro di propie nimistadi, e erano in setta per le dette parti e si teneano insieme, e quegli che si chiamavano Guelfi amavano lo stato del papa e di santa Chiesa, e quegli che si chiamavano Ghibellini amavano e favoravano lo 'mperadore e suoi seguaci, ma però il popolo e Comune di Firenze si mantenea in unitade, a bene e onore e stato della repubblica. Ma il detto imperadore mandando sodducendo per suoi ambasciadori e lettere quegli della casa delli Uberti ch'erano caporali di sua parte, e loro seguaci che si chiamavano Ghibellini, ch'elli cacciassono della cittade i loro nemici che si chiamavano Guelfi, profferendo loro aiuto de' suoi cavalieri; sì fece a' detti cominciare dissensione e battaglia cittadina in Firenze, onde la città si cominciò a scominare, e a ppartirsi i nobili e tutto il popolo, e chi tenea dall'una parte, e chi dall'altra; e in più patti della città si combattero più tempo. Intra gli altri luoghi, il principale era per gli Uberti alle loro case, ch'erano ov'è oggi il gran palagio del popolo: si raunavano co' loro seguaci, e combattiesi, co' Guelfi del sesto di San Piero Scheraggio, ond'erano capo quegli dal Bagno, detti Bagnesi, e' Pulci, e' Guidalotti, e tutti i seguaci di parte guelfa di quello sesto; e ancora gli Guelfi d'Oltrarno su per le pescaie passando, gli venieno a soccorrere quando erano combattuti dagli Uberti. L'altra puntaglia era in porte San Piero, ond'erano capo de' Ghibellini i Tedaldini, perch'aveano più forti casamenti di palagi e torri, e co ·lloro teneano Caponsacchi, Lisei, Giuochi, e Abati, e Galigari, e erano le battaglie con quegli della casa de' Donati, e con Visdomini, e Pazzi, e Adimari. E l'altra puntaglia era in porte del Duomo a la torre di messer Lancia de' cattani da Castiglione, e da Cersino, ond'erano capo de' Ghibellini con Agolanti e Bruneleschi, e molti popolari di loro parte, contra i Tosinghi, Agli, e Arrigucci. E l'altra punga e battaglia era in San Brancazio, ond'erano capo per gli Ghibellini i Lamberti, e Toschi, Amieri, Cipriani, e Megliorelli, e con molto seguito di popolo, contra i Tornaquinci, e Vecchietti, e Pigli, tutto che parte de' Pigli erano Ghibellini. E' Ghibellini faceano capo in San Brancazio a la torre dello Scarafaggio de' Soldanieri; e di quella venne a messer Rustico Marignolli, ch'avea la 'nsegna de' Guelfi, cioè il campo bianco e 'l giglio vermiglio, uno quadrello nel viso, ond'egli morìo; e il dì che' Guelfi furono cacciati, e innanzi che si partissono, armati il vennono a soppellire a San Lorenzo; e partiti i Guelfi, i calonaci di San Lorenzo tramutaro il corpo, acciò che' Ghibellini nol disotterrassono e facessone strazio, però ch'era uno grande caporale di parte guelfa. E l'altra forza de' Ghibellini era in Borgo, ond'erano capo gli Scolari, e Soldanieri, e Guidi, contra i Bondelmonti, Giandonati, Bostichi, e Cavalcanti, Scali, e Gianfigliazzi. Oltrarno erano tra gli Ubbriachi e' Mannelli (e altri nobili di rinnomo non n'avea, se none di case de' popolari), incontro a' Rossi e' Nerli. Avenne che ·lle dette battaglie duraro più tempo, combattendosi a' serragli, overo isbarre, da una vicinanza ad altra, e alle torri l'una a l'altra (che molte n'avea in Firenze in quegli tempi, e alte da C braccia in suso); e con manganelle, e altri difici si combatteano insieme di dì e di notte. In questo contasto e battaglie Federigo imperadore mandò a Firenze lo re Federigo suo figliuolo bastardo, con XVIc di cavalieri di sua gente tedesca. Sentendo i Ghibellini ch'egli erano presso a Firenze, presono vigore, e con più forza e ardire pugnando contra i Guelfi, i quali nonn-aveano altro aiuto, né attendeano nullo soccorso, perché la Chiesa era a Leone sopra Rodano oltremonti, e la forza di Federigo era troppo grande in tutte parti in Italia. E in questo usarono i Ghibellini una maestria di guerra, che a casa gli Uberti si raunava il più della forza de' detti Ghibellini, e cominciandosi le battaglie ne' sopradetti luoghi, sì andavano tutti insieme a contastare i Guelfi, e per questo modo gli vinsono quasi in ogni parte della città, salvo nella loro vicinanza contra il serraglio de' Guidalotti e Bagnesi, che più sostennono; e in quello luogo si ridussono i Guelfi, e tutta la forza de' Ghibellini contra loro. Alla fine veggendosi i Guelfi aspramente menare, e sentendo già la cavalleria di Federigo imperadore in Firenze, entrato già lo re Federigo con sua gente la domenica mattina, sì si tennero i Guelfi infino al mercolidì vegnente. Allora non potendo più resistere a la forza de' Ghibellini, si abandonarono la difenza, e partirsi della città la notte di santa Maria Candellara gli anni di Cristo MCCXLVIII. Cacciata la parte guelfa di Firenze, i nobili di quella parte si ridussono parte nel castello di Montevarchi in Valdarno, e parte nel castello di Capraia; e Pelago, e Ristonchio, e Magnale, infino a Cascia per gli Guelfi si tenne, e chiamossi la Lega; e in quelli faceano guerra a la cittade e al contado di Firenze. Altri popolani di quella parte si ridussono per lo contado a ·lloro poderi e di loro amici. I Ghibellini che rimasono in Firenze signori colla forza e cavalleria di Federigo imperadore sì riformaro la cittade a ·lloro guisa, e feciono disfare da XXXVI fortezze de' Guelfi, che palagi e grandi torri, intra le quali fu la più nobile quella de' Tosinghi in su Mercato Vecchio, chiamato il Palazzo, alto LXXXX braccia, fatto a colonnelli di marmo, e una torre con esso alta CXXX braccia. Ancora mostraro i Ghibellini maggiore empiezza, per cagione che i Guelfi faceano di loro molto capo a la chiesa di San Giovanni, e tutta la buona gente v'usava la domenica mattina, e faceansi i matrimoni. Quando vennero a disfare le torri de' Guelfi, intra l'altre una molto grande e bella ch'era in sulla piazza di San Giovanni a l'entrare del corso degli Adimari, e chiamavasi la torre del Guardamorto, però che anticamente tutta la buona gente che moria si soppelliva a San Giovanni, i Ghibellini faccendo tagliare dal piè la detta torre, sì ·lla feciono puntellare per modo che, quando si mettesse il fuoco a' puntelli, cadesse in su la chiesa di Santo Giovanni; e così fu fatto. Ma come piacque a Dio, per reverenza e miracolo del beato Giovanni, la torre, ch'era alta CXX braccia, parve manifestamente, quando venne a cadere, ch'ella schifasse la santa chiesa, e rivolsesi, e cadde per lo diritto della piazza, onde tutti i Fiorentini si maravigliaro, e il popolo ne fu molto allegro. E nota che poi che ·lla città di Firenze fu rifatta, non v'era disfatta casa niuna, e allora si cominciò la detta maladizione di disfarle per gli Ghibellini. E ordinaro che della gente dello 'mperadore ritennero VIIIc cavalieri tedeschi al loro soldo, onde fu capitano il conte Giordano. Avvenne che infra l'anno medesimo che' Guelfi furono cacciati di Firenze quegli ch'erano a Montevarchi furono assaliti da le masnade de' Tedeschi che stavano in guernigione nel castello di Gangareta nel mercatale del detto Montevarchi, e di poca gente fue aspra battaglia, infino nell'Arno, dagli usciti guelfi di Firenze a' detti Tedeschi; a la fine i Tedeschi furono sconfitti, e gran parte di loro furono tra morti e presi; e ciò fu dì..., gli anni di Cristo MCCXLVIII.

XXXIV *Come l'oste di Federigo imperadore fu sconfitta da' Parmigiani e dal legato del papa.*

In questo tempo Federigo imperadore si puose ad assedio a la città di Parma in Lombardia, imperciò ch'erano rubellati dalla sua signoria e teneano colla Chiesa, e dentro in Parma era il legato del papa con gente d'arme a cavallo per la Chiesa in loro aiuto. Federigo con tutte le sue forze e quelle de' Lombardi v'era intorno, e stettevi per più mesi, e giurato aveva di non partirsi mai, se prima non l'avesse; e però avea fatto incontro a la detta città di Parma una bastita a modo d'un'altra cittade con fossi, e steccati, e torri, e case coperte e murate, a la quale puose nome Vittoria; e per lo detto assedio avea molto ristretta la città di Parma, e era sì assottigliata di fornimento di vittuaglia, che poco tempo si poteano più tenere, e ciò sapea bene lo 'mperadore per sue spie; e per la detta cagione quasi gli tenea come gente vinta, e poco gli curava. Avenne, come piacque a Dio, che uno giorno lo 'mperadore, per prendere suo diletto, si andò in caccia con uccegli e con cani, con certi suoi baroni e famigliari, fuori di Vittoria; i cittadini di Parma avendo ciò saputo per loro spie, come gente avolontata, ma più come disperata, uscirono tutti fuori di Parma armati, popolo e cavalieri, a una ora, e vigorosamente da più parti assaliro la detta bastita di Vittoria. La gente dello 'mperadore improvisi, e non con ordine, e con poca guardia, come coloro che non curavano i nemici, veggendosi così sùbiti e aspramente assaliti, e non essendovi il loro signore, non ebbono nulla difesa, anzi si misono in fugga e inn-isconfitta; e sì erano tre cotanti cavalieri e genti a piè che quegli di Parma; ne la quale sconfitta molti ne furono presi e morti, e lo 'mperadore medesimo sappiendo la novella, con gran vergogna si fuggìo a Chermona; e' Parmigiani presono la detta bastita, ove trovarono molto guernimento e vittuaglia, e molte vasellamenta d'argento, e tutto il tesoro che ·llo 'mperadore aveva in Lombardia, e la corona del detto imperadore, la quale i Parmigiani hanno ancora nella sagrestia del loro vescovado, onde furono tutti ricchi; e spogliato il detto luogo della preda, vi misero fuoco, e tutto l'abattero, acciò che mai non v'avesse segno di cittade, né di bastita; e ciò fu il primo martedì di febbraio, gli anni di Cristo MCCXLVIII.

XXXV *Come i Guelfi usciti di Firenze furono presi nel castello di Capraia.*

Poco tempo appresso lo 'mperadore si partì di Lombardia, e lasciovvi suo vicario generale Enzo re di Sardigna suo figliuolo naturale, con gente assai a cavallo, sopra la taglia de' Lombardi, e venne in Toscana, e trovò che ·lla parte de' Ghibellini, che signoreggiavano la città di Firenze, del mese di marzo s'erano posti ad assedio al castello di Capraia, nel quale erano i caporali delle maggiori case de' nobili guelfi usciti di Firenze. Lo 'mperadore vegnendo in Toscana, non volle entrare nella città di Firenze, né mai v'era entrato, ma se ne guardava, che per suoi aguri, overo detto d'alcuno demonio, overo profezia, trovava ch'egli dovea morire in Firenze, onde forte temea; ma passò all'oste, e andossene a soggiornare nel castello di Fucecchio, e la maggior parte di sua gente lasciò all'asedio di Capraia, il quale castello per forte assedio e fallimento di vittuaglia non possendosi più tenere, feciono quegli d'entro consiglio di patteggiare, e avrebbono avuto ogni largo patto ch'avessono voluto; ma uno calzolaio uscito di Firenze, ch'era stato uno grande anziano, non essendo richesto al detto consiglio, isdegnato si fece alla porta, e gridò a quegli dell'oste che ·lla terra non si potea più tenere; per la qual cosa quegli dell'oste non vollono intendere a patteggiare, onde quegli d'entro, come gente morta, s'arrendero a la mercé dello imperadore; e ciò fu del mese di maggio, gli anni di Cristo MCCXLVIIII. E' capitani de' detti Guelfi era il conte Ridolfo di Capraia e messer Rinieri Zingane de' Bondelmonti; e rapresentati a Fucecchio allo 'mperadore, tutti gli ne menò seco pregioni in Puglia, e poi per lettere a ambasciadori mandatigli per gli Ghibellini di Firenze, a tutti quegli delle gran case nobili di Firenze fece trarre gli occhi, e poi mazzerare in mare, salvo messer Rinieri Zingane: perché 'l trovò savio e magnanimo no ·llo volle fare morire, ma fecelo abacinare degli occhi, e poi in su l'isola di Montecristo come religioso finì sua vita. E 'l sopradetto calzolaio da quegli di fuori fu guarentito, il quale, tornati poi i Guelfi in Firenze, egli vi ritornò, e riconosciuto in parlamento, a grido di popolo fu lapidato, e vilmente per gli fanciulli strascinato per la terra, e gittato a' fossi.

XXXVI *Come il re Luis di Francia fue sconfitto e preso da' Saracini a la Monsura in Egitto.*

Nel detto tempo essendo il buono Luis re di Francia andato oltremare con grande stuolo e passaggio di navilio, e in sua compagnia Ruberto conte d'Artese e Carlo conte d'Angiò suoi fratelli, con tutta la baronia di Francia, puosono in Egitto con allegro cominciamento, ma con tristo fine; che nella loro venuta ebbono di presente la città di Dammiata, e poi volendo andare per forza d'arme al Caro e Babbillonia d'Egitto, ov'era il soldano e tutto suo podere, come furono al luogo detto la Monsura, avendo avute più battaglie e assalti da Saracini, e di tutte essendo vincitori i Franceschi, il soldano conoscendo ch'egli erano in quella parte ch'a ·llui piaceva, maestrevolmente fece rompere in più parti gli argini del fiume del Calice, ch'esce dal fiume del Nilo, i quali argini sono a modo di quelli che sono sopra il fiume del Po in Lombardia; e rotti i detti argini, il fiume che soprasta alle pianure d'Egitto incontanente allagò tutto il piano dov'era l'oste de' Franceschi per tale modo che molti n'anegaro, e non potevano andare a neuno salvamento, né riconoscere via o cammino, né avere mercato né vittuaglia; onde gran parte dell'oste chi morì di fame e chi affogò in acqua, e tutti i loro cavalli e bestiame moriro. Per la qual cosa di nicessità quegli che scampati erano s'arendero a pregioni al soldano e a' Saracini, e fu preso il detto re Luis e Carlo conte d'Angiò suo fratello con molti baroni; e morìvi Ruberto conte d'Artese. Ma come piacque a Dio, avuti i Cristiani la detta aversità, il detto Luis e' suoi baroni tosto trovarono pace e redenzione da' Saracini, ché rendendo la città di Dammiata, e pagando CCm di parigini furono liberi; ma Carlo si fuggì colla guardia ch'avea nome Ferzacata. La detta scofitta fue a dì XXVII di marzo, gli anni di Cristo MCCL. E come lo re Luis e gli suoi baroni furono ricomperati, e pagata la detta moneta, si tornarono in ponente; e per ricordanza della detta presura, acciò che vendetta ne fosse fatta o per Luis o per li suoi, lo re Luis fece fare nella moneta del tornese grosso dal lato della pila le bove da pregioni. E nota che quando questa novella venne in Firenze, signoreggiando i Ghibellini, ne feciono festa e falò, secondo che si dice. Lasceremo a parlare de' Franceschi, e torneremo a nostra materia, a dire de' fatti di Firenze, e di Federigo imperadore, e della sua fine.

XXXVII *Come lo re Enzo figliuolo di Federigo imperadore fue sconfitto e preso da' Bolognesi.*

Negli anni di Cristo MCCL, del mese di maggio, lo re Enzo figliuolo di Federigo imperadore, essendo rimaso generale vicario e capitano della taglia in Lombardia, venne ad oste sopra la città di Bologna, i quali si teneano colla Chiesa di Roma, ed eravi il legato del papa con gente d'arme al soldo della Chiesa. I Bolognesi usciro-no fuori vigorosamente, popolo e cavalieri, incontra il detto re Enzo, e combattersi co ·llui, e sconfissollo e presollo nella detta battaglia con molta di sua gente, e lui misono in carcere in una gabbia di ferro, e in quella con grande misagio finì sua vita a grande dolore.

XXXVIII *Come certi Ghibellini di Firenze furono sconfitti nel borgo di Fegghine dagli usciti guelfi*

Per la partita che ·llo 'mperadore fece di Toscana, e per la sconfitta ch'ebbe lo re Enzo da' Bolognesi, come detto avemo, la forza dello 'mperio cominciò alquanto a calare in Toscana e in Lombardia; e quegli che teneano parte guelfa e della Chiesa cominciarono a prendere forza e vigore. Avenne che essendo il vicario dello 'mperadore co' Fiorentini ghibellini ad assedio al castello d'Ostina in Valdarno, il quale gli usciti guelfi di Firenze aveano rubellato, e essendo grande parte de la detta oste nel borgo di Fegghine per guardia, acciò che' Guelfi ch'erano co ·lloro amistade in Montevarchi raunati non potessono venire a soccorrere il detto castello d'Ostina, i detti Guelfi partendosi di Montevarchi la notte di santo Matteo di settembre, gli anni di Cristo MCCL, vennero e entraro ne' detti borghi di Fegghine, e subitamente assalendo la detta gente, per la notte ch'era, e sùbito assalto, sanza nulla difenza furono sconfitti, e la maggiore parte morti e presi per le case; e la mattina vegnente si levò l'oste villanamente da Ostina, e tornò in Firenze.

XXXIX *Come in Firenze si fece il primo popolo per riparare le forze e le 'ngiurie che facieno i Ghibellini.*

Tornata la detta oste in Firenze, si ebbe infra' cittadini grande ripitio, imperciò che i Ghibellini che signoreggiavano la terra gravavano il popolo d'incomportabili gravezze, libbre e imposte; e con poco frutto, che' Guelfi erano già isparti per lo contado di Firenze, e teneano molte castella, e faceano guerra alla cittade, e oltre a ·cciò quegli della casa degli Uberti e tutti gli altri nobili ghibellini tiranneggiavano il popolo di gravi torsioni e forze e ingiurie. Per la qual cosa i buoni uomini di Firenze raunandosi insieme a romore, e feciono loro capo a la chiesa di San Firenze; e poi per la forza degli Uberti non v'ardiro a stare, sì n'andarono a stare a la chiesa de' frati minori a Santa Croce, e ivi stando armati, non s'ardivano di tornare a ·lloro case, acciò che dagli Uberti e gli altri nobili, avendo lasciate l'arme, non fossono rotti, e da le signorie condannati. Sì n'andaro armati alle case delli Anchioni da San Lorenzo, ch'erano molto forti, e qui armati durando, co ·lloro forza feciono XXXVI caporali di popolo, e levarono la signoria a la podestà ch'allora era in Firenze, e tutti gli uficiali rimossono. E ciò fatto, sanza contasto sì ordinarono e feciono popolo con certi nuovi ordini e statuti, e elessono capitano di popolo messer Uberto da Lucca; e fu il primo capitano di Firenze; e feciono XII anziani di popolo, due per ciascuno sesto, i quali guidavano il popolo e consigliavano il detto capitano, e ricogliensi nelle case della Badia sopra la porta che vae a Santa Margherita, e tornavansi alle loro case a mangiare e a dormire. E ciò fu fatto a dì XX d'ottobre, gli anni di Cristo MCCL, e in quello dì si diedono per lo detto capitano XX gonfaloni per lo popolo a certi caporali partiti per compagnie d'arme e per vicinanze, e a più popoli insieme, acciò che quando bisognasse, ciascuno dovesse trarre armato al gonfalone della sua compagnia, e poi co' detti gonfaloni trarre al detto capitano del popolo. E feciono fare una campana, la quale tenea il detto capitano in su la torre del Leone; e 'l gonfalone principale del popolo, ch'avea il capitano, era dimezzata bianca e vermiglia. Le 'nsegne de' detti gonfaloni erano queste: nel sesto d'Oltrarno, il primo si era il campo vermiglio e la scala bianca; il secondo, il campo bianco con una ferza nera; il terzo, il campo azzurro iv'entro una piazza bianca con nicchi vermigli; il quarto, il campo rosso con uno dragone verde. Nel sesto di San Piero Scheraggio, il primo fu il campo azzurro e uno carroccio giallo, overo a oro; il secondo, il campo giallo con uno toro nero; il terzo, il campo bianco con uno leone rampante nero; il quarto, era pezza gagliarda, cioè a liste a traverso bianche e nere: questa era di San Pulinari. Nel sesto di Borgo, il primo era il campo giallo e una vipera, overo serpe verde; il secondo, il campo bianco e una aguglia nera; il terzo, il campo verde con uno cavallo isfrenato covertato a bianco e a croce rossa. Nel sesto di San Brancazio, il primo, il campo verde con uno leone naturale rampante; il secondo, il campo bianco con uno leone rampante rosso; il terzo, il campo azzurro con uno leone rampante bianco. In porte del Duomo, il primo, il campo azzurro con uno leone a oro; il secondo, il campo giallo con uno drago verde; il terzo, il campo bianco con uno leone rampante azzurro incoronato. Nel sesto di porte San Piero, il primo, il campo giallo con due chiavi rosse; il secondo, a ruote acerchiate bianche e nere; il terzo, il di sotto a vai e di sopra rosso. E come ordinò il detto popolo le 'nsegne e gonfaloni in città, così fece in contado a tutti i pivieri il suo ch'erano LXXXXVI; e ordinargli a leghe, acciò che ·ll'una atasse l'altra, e venissero a città e in oste quando bisognasse. Per questo modo s'ordinò il popolo vecchio di Firenze, e per più fortezza di popolo ordinaro e cominciaro a fare il palagio il quale è di dietro a la Badia, e in su la piazza di San Pulinari, cioè quello ch'è di pietre conce colla torre; ché prima non avea palagio di Comune in Firenze, anzi stava la signoria ora in una parte de la città e ora in altra. E come il popolo ebbe presa signoria e stato, sì ordinaro per più fortezza di popolo che tutte le torri di Firenze, che ce n'avea grande quantità alte CXX braccia, si tagliassono e tornassono alla misura di L braccia e non più, e così fu fatto; e delle pietre si murò poi la città oltrarno. **XL** *Delle insegne per guerra ch'usava il Comune di Firenze.* Poi ch'avemo detto de' gonfaloni e insegne del popolo, è convenevole che facciamo menzione di quelle de' cavalieri e della guerra, e come i sesti andavano per ordine nell'osti. La 'nsegna della cavalleria del sesto d'Oltrarno era tutta bianca; quella di San Piero Scheraggio a traverso nera e gialla, e ancora oggi l'usano i cavalieri in loro sopransegne ad armeggiare; quello di Borgo addogato per lungo bianco e azzurro; quello di San Brancazio tutto vermiglio; quello di porte del Duomo era...; quello di porte

San Piero era tutto giallo. Le 'nsegne dell'oste erano le prime del Comune dimezzate bianche e vermiglie: queste aveva la podestà. Quelle della posta dell'oste e guardia del carroccio erano due, l'uno campo bianco e croce piccola rossa, l'altro per contrario campo rosso e croce bianca. Quello del mercato era...; quelle de' balestrieri erano due, l'una il campo bianco, e l'altra vermiglio, in ciascuno il balestro; e per simile modo quelle de' pavesari, l'uno gonfalone bianco col pavese vermiglio e il giglio bianco, e l'altro rosso col pavese bianco e 'l giglio rosso; e quegli degli arcadori l'uno bianco e l'altro rosso, iv'entro gli archi; quello della salmeria era bianco col mulo nero; e quello de' ribaldi bianco co' ribaldi dipinti in gualdana e giucando. Queste insegne de' cavalieri e dell'oste si davano sempre il dì di Pentecosta ne la piazza di Mercato Nuovo, e per antico così ordinate, e davansi a' nobili e popolani possenti per la podestà. I sesti quando andavano tre insieme, era ordinato Oltrarno Borgo, e San Brancazio, e gli altri tre insieme: e quando andavano a due sesti insieme, andava Oltrarno e San Brancazio, San Piero Scheraggio e Borgo, porte del Duomo e porte San Piero; e questo ordine fu molto antico. Lasceremo degli ordini di Firenze, e diremo della morte di Federigo imperadore, che molto fu utole e bisognevole a santa Chiesa, e al nostro Comune.

XLI *Come lo 'mperadore Federigo morì a Firenzuola in Puglia.*

Nel detto anno MCCL, essendo Federigo imperadore in Puglia nella città di Fiorenzuola a l'uscita d'Abruzzi, si amalò forte, e già del suo aguro non si seppe guardare, che trovava che dovea morire in Firenze, e come dicemmo adietro, per la detta cagione mai non volle entrare in Firenze, né in Faenza; ma male seppe interpetrare la parola mendace del dimonio, che gli disse si guardasse che morrebbe in Firenze, e elli non si guardò di Fiorenzuola. Avenne che agravando de la detta malatia, essendo co ·llui uno suo figliuolo bastardo ch'avea nome Manfredi, disiderando d'avere il tesoro di Federigo suo padre, e la signoria del Regno e di Cicilia, e temendo che Federigo di quella malatia non iscampasse o facesse testamento, concordandosi col suo segreto ciamberlano, promettendoli molti doni e signoria, con uno pimaccio che a Federigo puose il detto Manfredi in su la bocca, sì ·ll'afogò; e per lo detto modo morì il detto Federigo disposto dello 'mperio e scomunicato da santa Chiesa, sanza penitenzia, o nullo sagramento di santa Chiesa. E per questo potemo notare la parola che Cristo disse nel Vangelio: "Voi morrete nelle peccata vostre"; che così avenne a Federigo, il quale fu così nimico di santa Chiesa, ch'egli fece morire la moglie e Arrigo re suo figliuolo, e... e videsi sconfitto e preso Enzo suo figliuolo, e egli dal suo figliuolo Manfredi vilmente morto e sanza penitenza; e ciò fu il dì di santa Lucia di dicembre, gli anni detti MCCL. E lui morto, Manfredi detto prese la guardia del reame e tutto il tesoro, e 'l corpo di Federigo fece portare e soppellire nobilemente alla chiesa di Monreale di sopra a la città di Palermo in Cicilia, e a la sua sepultura volendo scrivere molte parole di sua grandezza e podere, e grandi cose fatte per lui, uno cherico Trottano fece questi brievi versi, i quali piacquero molto a Manfredi e agli altri baroni, e fecegli intagliare nella detta sepultura, gli quali diceano: *Si probitas, sensus, virtutum gratia, census, Nobilitas orti possint resistere morti, Non foret extintus Federicus qui iacet intus.* E nota che in quello tempo che lo 'mperadore Federigo morìo avea mandato in Toscana per tutti gli stadichi di Guelfi per fargli morire; e andando in Puglia, quando furono in Maremma, seppono novelle della morte di Federigo, le guardie per paura gli lasciarono; i quali ricoverarono in Campiglia, e di là tornarono a Firenze e nell'altre terre di Toscana molto poveri e bisognosi.

XLII *Come il popolo di Firenze rimisono per pace i Guelfi in Firenze.*

La notte medesima che morì Federigo imperadore morì il podestà che per lui era in Firenze, ch'avea nome messer Rinieri da Montemerlo, che dormendo nel letto suo gli cadde adosso una volta ch'era sopra la camera, e ciò fu in casa gli Abati. E ciò fu bene segnale che nella città di Firenze dovea morire la sua signoria, e così avenne assai tosto; ché essendo levato popolo in Firenze per le forze e oltraggi de' nobili ghibellini, come avemo detto adietro, e vegnendo in Firenze novelle de la morte del detto Federigo, pochi giorni appresso, il popolo di Firenze rappellò e rimisono in Firenze la parte de' Guelfi che fuori n'erano cacciati, faccendo loro fare pace co' Ghibellini; e ciò fu a dì VII di gennaio, gli anni di Cristo MCCL.

XLIII *Come al tempo del detto popolo i Fiorentini sconfissono i Pistolesi, e poi cacciarono certe case di Ghibellini di Firenze.*

Molto esultò la parte della Chiesa e parte guelfa per tutta Italia e per la morte dello 'mperadore, e la parte d'imperio e ghibellina abassò, imperciò che papa Innocenzo tornò d'oltre i monti colla corte a Roma, favorando i fedeli della Chiesa. Avenne che del mese di luglio, gli anni di Cristo MCCLI, il popolo e Comune di Firenze feciono oste a la città di Pistoia, ch'erano loro ribelli, e combattero co' detti Pistolesi, e sconfissongli a Monte Robbolini con grande danno de' morti e de' presi de' Pistolesi. E allora era podestà di Firenze messer Uberto da Mandella di Milano. E per cagione che la maggiore parte delle case de' Ghibellini di Firenze non piacea la signoria del popolo, perché parea loro che favorassono più ch'a ·lloro non piacea i Guelfi, e per lo passato tempo erano usi di fare le forze e tiranneggiare per la baldanza dello 'mperadore, sì non vollono seguire il popolo né 'l Comune a la detta oste sopra Pistoia; anzi in detto e in fatto la contradiaro per animosità di parte, imperciò che Pistoia in quelli tempi si reggea a parte ghibellina; per la quale cagione e sospetto, tornata l'oste da Pistoia vittoriosamente, le dette case de' Ghibellini di Firenze furono cacciati e mandati fuori della città per lo popolo di Firenze il detto mese di luglio MCCLI. E cacciati i caporali de' Ghibellini di Firenze, il popolo e gli Guelfi che dimoraro a la signoria di Firenze si mutaro l'arme del Comune di Firenze; e dove anticamente si portava il campo rosso e 'l giglio bianco, si feciono per contradio il campo bianco e 'l giglio rosso, e' Ghibellini si ritennero la prima insegna; ma ·lla insegna antica del Comune dimezzata bianca e rossa, cioè lo stendale ch'andava nell'osti in sul carroccio, non si mutò mai. Lasceremo alquanto de' fatti de' Fiorentini, e diremo alquanto della venuta del re Currado figliuolo dello 'mperadore Federigo.

XLIV *Come lo re Currado figliuolo di Federigo imperadore venne d'Alamagna in Puglia, e ebbe la segnoria del reame di Cicilia, e come morì.*

Come il re Currado d'Alamagna seppe la morte dello 'mperadore Federigo suo padre, s'aparecchiò con grande compagnia per passare in Puglia e in Cicilia, per possedere il detto Regno, del quale Manfredi suo fratello bastardo s'era fatto vicario generale e signoreggiava tutto, salvo la città di Napoli e di Capova, i quali s'erano rubellati per la morte di Federigo, e tornati a l'ubbidenza della Chiesa. E per cagione della morte del detto Federigo molte cittadi di Lombardia e di Toscana aveano fatta mutazione, e tornate all'obedienza della Chiesa. Non si volle il detto Currado mettere a passare per terra, ma lui arrivato nella Marca di Trevigi, fece co' Viniziani apparecchiare grande navilio, e di là per mare con tutta sua gente arrivò in Puglia gli anni di Cristo MCCLI. E con tutto che Manfredi fosse cruccioso della sua venuta, perché intendea a esser signore del detto Regno, a Currado suo fratello fece grande accoglienza, rendendogli molto onore e reverenza. E come fue in Puglia, sì fece oste sopra la città di Napoli, la quale prima da Manfredi prenze di Salerno per V volte era stata osteggiata e assediata, e no ·ll'avea potuta vincere, ma Currado con sua grande oste per lungo assedio ebbe la cittade, salvi le persone e la terra. Ma Currado non attenne loro i patti, ma come fu in Napoli sì fece disfare le mura e tutte le fortezze di Napoli; e simigliantemente fece a la città di Capova che s'era rubellata, e in poco di tempo tutto il Regno recò sotto la sua signoria, abbattendo ogni ribello, o che fosse amico o seguace di santa Chiesa; e non solamente i laici, ma i religiosi e le sacre persone, fece morire per tormenti, rubando le chiese, e abbattendo chi non era della sua obbedienza, e promovendo i benefici, come fosse papa, sì che se Federigo suo padre fue persecutore di santa Chiesa, questo Currado, se fosse vivuto lungamente, sarebbe stato peggiore. Ma come piacque a Dio, poco appresso infermò di grande malatia, ma non però mortale, e faccendosi curare a medici fisiziani, Manfredi suo fratello, per rimanere signore, il fece a' detti medici per moneta e gran promesse avelenare in uno cristeo, e per tale sentenzia di Dio, per opera del fratello, di tale morte morìo sanza penitenzia e scomunicato gli anni di Cristo MCCLII. E di lui rimase in Alamagna uno picciolo figliuolo ch'ebbe nome Curradino, nato per madre della figlia del duca di Baviera.

XLV *Come Manfredi figliuolo naturale di Federigo prese la signoria del regno di Cicilia e di Puglia, e fecesi coronare re.*

Morto Currado detto re della Magna, Manfredi rimase signore e balio di Cicilia e del Regno, con tutto che per la morte di Currado alquante terre del Regno si rubellassono, e papa Innocenzo quarto con grande oste della Chiesa si mise nel Regno per racquistare la terra che tenea Manfredi contra volontà della Chiesa, e sì come scomunicato. E come la detta oste della Chiesa fu entrata nel Regno, tutte le città e castella infino a Napoli s'arendero al detto papa; ma poco lui dimorato in Napoli, infermò e passò di questa vita gli anni di Cristo MCCLII, e nella città di Napoli fue soppellito. E per la morte del detto papa, e per la vacazione che dopo lui ebbe la Chiesa, che più di due anni stette sanza pastori, Manfredi racquistò tutto il Regno, e crebbe molto la sua forza e lungi e appresso; e con grande studio s'intendea con tutte le città d'Italia, ch'erano Ghibellini e fedeli dello imperio, e aiutavagli co' suoi cavalieri tedeschi, faccendo co·lloro taglia e compagnia in Toscana e in Lombardia. E quando il detto Manfredi si vide in gloria e inn-istato, si pensò di farsi fare re di Cicilia e di Puglia, e perché ciò gli venisse fatto, si recò ad amici con ispendio, e doni, e promesse, e ufici, i maggiori baroni de·Regno. E sappiendo come del re Currado suo fratello era rimaso uno suo figliuolo chiamato Curradino, il quale per ragione era diritto erede del reame di Cicilia, e era in Alamagna a la guardia della madre, sì si pensò una frodolente malizia per esser re, ch'elli raunò tutti i baroni del Regno, e propuose loro quello ch'avesse a ·ffare della signoria, con ciò fosse cosa che elli avesse novelle come il suo nipote Curradino era grave infermo, e da non potere mai reggere reame; onde per gli suoi baroni fue consigliato che mandasse suoi ambasciadori in Alamagna a sapere dello stato di Curradino, e se fosse morto o infermo. Infino allora consigliavano che Manfredi fosse fatto re. Acciò s'accordò Manfredi, come colui che tutto avea ordinato fittiziamente, e mandati i detti ambasciadori a Curradino e a la madre con ricchi presenti e grandi proferte. I quali ambasciadori giunti in Soavia, trovarono il garzone che la madre ne facea gran guardia, e co ·llui tenea più altri fanciulli di gentili uomini vestiti di sua roba: dimandando i detti ambasciadori Curradino, la madre temendo di Manfredi, sì mostrò loro uno de' detti fanciulli. E quegli con ricchi presenti gli feciono doni e reverenzia, intra' quali doni furono de' confetti di Puglia avelenati, e quello garzone prendendone, tosto morìo. Eglino credendo Curradino avere morto di veleno, si partirono d'Alamagna, e come furono tornati in Vinegia, feciono fare alla loro galea vele di panno nero e tutti gli arredi neri, e eglino si vestiro a nero; e sì come giunsono in Puglia feciono sembiante di grande dolore, sì come da Manfredi erano amaestrati. E rapportato a Manfredi e a' baroni tedeschi del Regno come Curradino era morto, e fatto per Manfredi sembiante di grande corrotto, a grido de' suoi amici e di tutto il popolo, sì come avea ordinato, fu eletto re di Cicilla e di Puglia, e a Monreale in Cicilia si fece coronare gli anni di Cristo MCCLV.

XLVI *De la guerra che fu tra papa Allessandro e lo re Manfredi.*

Dopo la morte di papa Innocenzo e della sua vacazione fu eletto papa Allessandro quarto, nato della città d'Alagna di Campagna, gli anni di Cristo MCCLV, e sedette nel papato anni VII, mesi, e dì. Il qual papa Allessandro avendo inteso come Manfredi s'era coronato re di Cicilia contra la volontà di santa Chiesa, per lo detto papa fu richesto Manfredi che lasciasse la signoria del Regno e di Cicilia, il quale non volle intendere né ubidire; per la qual cosa il detto papa prima lo scomunicò e privò. E poi mandò contro a ·llui Otto cardinale legato con grande oste della Chiesa, e prese molte terre della marina di Puglia, ciò fu la città di Sipanto, e il Monte Santagnolo, e Barletta, e Bari, infino a Otranto in Calavra; ma poi la detta oste per la morte del detto legato tornò in vano, e Manfredi riprese e racquistò tutto; e ciò fu gli anni di Cristo MCCLVI. Il detto re Manfredi fue nato per madre d'una bella donna de' marchesi Lancia di Lombardia, con cui lo 'mperadore ebbe affare; e fu bello del corpo, e come il padre, e più, dissoluto in ogni lussuria; sonatore e cantatore era, volentieri si vedea intorno giocolari e uomini di corte, e belle concubine, e sempre si vestìo di drappi verdi; molto fue largo e cortese e di buon'aire, sì ch'egli era molto amato e grazioso; ma tutta sua vita fue epicuria, non curando quasi Idio né santi, se non al diletto del corpo. Nimico fu di santa Chiesa, e di cherici e de' religiosi, occupando le chiese, come il suo padre e più; ricco signore fu, sì del tesoro che gli rimase dello 'mperadore e del re Currado suo fratello, e per lo suo regno ch'era largo e fruttuoso. E egli, mentre che vivette, con tutte le guerre ch'ebbe colla Chiesa, il tenne in buono stato, sì che 'l montò molto di ricchezze e in podere per mare e per terra. Per moglie ebbe la figliuola del dispoto di Romania, ond'ebbe figliuoli e figliuole. L'arme che prese e portò fue quella dello 'mperio, salvo ove lo 'mperadore suo padre portò il campo ad oro e l'aguglia nera, egli portò il campo d'argento e l'aguglia nera. Questo Manfredi fece disfare la città di Sipanto in Puglia, perché per gli paduli che l'erano intorno non era sana, e non avea porto; e di quelli cittadini fece ivi presso a due miglia, in su la roccia e in luogo d'avere buono porto, fece fondare una terra, la quale per suo nome la fece chiamare Manfredonia, la quale ha oggi il migliore porto che sia da Vinegia a Brandizio. E di quella terra fue Manfredi Bonetta, conte camerlingo del detto re Manfredi, uomo di gran diletto, sonatore e cantatore, il quale per sua memoria fece fare la grande campana di Manfredonia, la qual è la più grande che si truovi di larghezza, e per la sua grandezza non può sonare. Lasceremo alquanto a parlare di Manfredi infino che luogo e tempo sarà, e torneremo ove lasciammo adietro a nostra materia de' fatti di Firenze, e di Toscana, e di Lombardia, con tutto ch'assai si mischiaro co' fatti del detto re Manfredi in più cose.

XLVII *Come i Fiorentini sconfissono gli Ubaldini in Mugello.*

Negli anni di Cristo MCCLI i signori della casa degli Ubaldini co·lloro amistadi di Ghibellini e di Romagnuoli aveano fatta gran raunanza in Mugello per fare oste a

Monte Accianico, che ancora non era loro. I Fiorentini vi cavalcaro, e sconfissono i detti Ubaldini con gran danno di loro e di loro amistà.

XLVIII *Come i Fiorentini presono Montaia, e misono in isconfitta le masnade de' Sanesi e de' Pisani.*

Nel detto anno essendo i Ghibellini usciti di Firenze entrati con masnade di Tedeschi, e rubellato al Comune di Firenze il castello di Montaia in Valdarno, e cavalcatovi i cavalieri delle quattro sestora di Firenze, che v'erano andati per porvi l'oste, i Ghibellini colla forza delle masnade de' Tedeschi non lasciarono acampare i Fiorentini, ma da' detti Ghibellini e Tedeschi furono rotti e cacciati. Per la qual cosa i Fiorentini per comune, popolo e cavalieri, co' Lucchesi e loro amistade del mese di gennaio v'andaro ad oste, e non lasciarono per lo forte tempo e grandissime nevi ch'erano allora che non tenessono l'assedio intorno intorno al castello, per modo che non vi potea entrare né uscire persona, gittandovi dentro più difici. Al soccorso del detto castello vennoro le masnade de' cavalieri di Siena e di Pisa, con popolo assai del contado di Siena, che allora si teneano a parte ghibellina; per la qual venuta de' Sanesi e de' Pisani si ricominciò la guerra da ·lloro a' Fiorentini. E loro venuti, colle loro forze si puosono a campo a la badia a Coltobuono presso a Montaia a uno miglio. I Fiorentini ordinati i loro battifolli intorno al castello di pedoni e di buone guardie, la cavalleria di Firenze con certi pedoni eletti lasciarono l'assedio, e francamente s'adirizzaro contro a' Pisani e' Sanesi per combattere, non lasciando per le nevi né per la salita del poggio. Veggendo ciò i nimici, sanza attendere i Fiorentini si fuggiro vilmente in isconfitta con grande danno di loro e di loro arnesi; e veggendo ciò quegli del castello, s'arendero a pregioni, i quali tutti ne furono menati legati in Firenze, e 'l castello disfatto e abattuto; e ciò fu del detto mese di gennaio, essendo podestà di Firenze messere Filippo degli Ugoni da Brescia.

XLIX *Come i Fiorentini presono Tizzano e poi sconfissono i Pisani al Ponte ad Era, avendo i Pisani sconfitti i Lucchesi.*

Nel detto anno MCCLII i Fiorentini andaro per comune ad oste a Pistoia, e guastarla intorno, e puosono l'assedio al loro castello di Tizzano, e ebbollo a patti a dì XXIIII di giugno nel detto anno. E essendo la detta oste de' Fiorentini a Tizzano, ebbono novelle come i Pisani coll'aiuto de' Sanesi aveano sconfitti i Lucchesi a Montetopoli; incontanente compiero i patti e ebbono il castello, e si levaro da oste, e passaro in Valdarno per seguire i Pisani e loro oste, i quali sopragiunsono al Ponte ad Era, e quivi ebbe grande battaglia. A la fine i Pisani furono sconfitti, e' Lucchesi, che gli aveano legati pregioni, legaro e presono i Pisani, e la caccia fu infino a la badia a San Savino presso a Pisa a tre miglia, onde molti ne furono morti de' Pisani e de' Sanesi, e presi più di IIIm, i quali ne vennero legati a Firenze, sanza quegli che ne menarono i Lucchesi; e fu presa la podestà di Pisa, ch'avea nome messer Angiolo di Roma. E ciò fu al tempo ch'era podestà di Firenze messere Filippo delli Ugoni di Brescia, il primo dì del mese di luglio nel detto anno MCCLII.

L *Come fu fatto il ponte a Santa Trinita.*

In questo tempo essendo la città di Firenze per la signoria del popolo in felice stato, si fece il ponte sopra l'Arno di Santa Trinita a casa i Frescobaldi oltrarno; e in ciò adoperò molto il procaccio di Lamberto Frescobaldi, il quale era nel popolo grande anziano, ed egli e' suoi venuti in grande stato e ricchezza.

LI *Come i Fiorentini presono il castello di Fegghine.*

Nel detto tempo, essendo gli usciti ghibellini di Firenze col conte Guido Novello della casa de' conti Guidi e ritratti nel castello di Fegghine, il quale era molto forte, e rubellatolo al Comune di Firenze, essendo l'oste de' Fiorentini fuori sopra i Pisani, come detto è di sopra, tornata la detta oste vittoriosamente in Firenze, incontanente sanza soggiorno andarono e puosonsi ad oste a Fegghine, e a quella dirizzarono difici, e diedonvi aspre battaglie; alla fine s'arendero a patti d'andarne sani e salvi il conte co' forestieri, e' Ghibellini usciti di tornare in Firenze per pace; e ciò fu perché più casati guelfi ch'erano terrazzani di Fegghine, non piacendo loro la signoria de' Ghibellini, cercaro il detto trattato. E chi disse che quegli della casa de' Franzesi, per moneta ch'ebbono da' Fiorentini, aveano ordinato di dare loro il castello; per la qual cosa il conte e gli usciti di Firenze vennero a' detti patti. E partitone il conte e sua gente, la terra fue contra' patti rubata e arsa e abattuta; e ciò fu alla signoria del detto messer Filippo degli Ugoni, del mese d'agosto gli anni di Cristo MCCLII.

LII *Come i Sanesi furono sconfitti da' Fiorentini a Monte Alcino.*

Nel detto tempo, essendo l'oste de' Fiorentini a Fegghine, i Sanesi andarono ad oste a Monte Alcino, il qual era raccomandato del Comune di Firenze per gli patti della pace tra' Fiorentini e' Sanesi, e molto aveano istretto il castello con battaglie e difici; e ciò sentendo i Fiorentini, incontanente v'andarono al soccorso, e combattero co' Sanesi, e sconfissongli, e molti ne furono morti e presi, e per gli Fiorentini fue guernito Monte Alcino; ed era podestà di Firenze il detto messer Filippo degli Ugoni; ciò fu gli anni di Cristo MCCLII del mese di settembre. E tornaro in Firenze con grande vittoria di più battaglie di campo, vinte e più terre e castella; ma a quello tempo i Fiorentini erano uniti per lo buono popolo, e andavano in persona a cavallo e a piè nell'osti, e con cuore e con franchezza, sicché di tutte patti bene aventurosamente in questo anno recarono triunfo e vittoria in Firenze.

LIII *Come di prima si feciono in Firenze i fiorini dell'oro.*

Tornata e riposata l'oste de' Fiorentini colle vittorie dette dinanzi, la cittade montò molto inn-istato e in ricchezze e signoria, e in gran tranquillo: per la qual cosa i mercatanti di Firenze, per onore del Comune, ordinaro col popolo e comune che ·ssi battesse moneta d'oro in Firenze; e eglino promisono di fornire la moneta d'oro, che in prima battea moneta d'ariento da danari XII l'uno. E allora si cominciò la buona moneta d'oro fine di XXIIII carati, che si chiamano fiorini d'oro, e contavasi l'uno soldi XX; e ciò fu al tempo del detto messere Filippo degli Ugoni di Brescia, del mese di novembre gli anni di Cristo MCCLII. I quali fiorini, gli otto pesavano una oncia, e dall'uno lato era la 'mpronta del giglio, e dall'altro il san Giovanni. Per cagione della detta nuova moneta del fiorino d'oro, sì ·cci acadde una bella novelletta, e da dovere notare. Cominciati i detti nuovi fiorini a spargersi per lo mondo, ne furono portati a Tunisi in Barberia; e recati dinanzi al re di Tunisi, ch'era valente e savio signore, sì gli piacque molto, e fecene fare saggio, e trovata di fine oro, molto la commendò, e fatta interpetrare a' suoi interpetri la 'mpronta e scritta del fiorino, trovò dicea: "Santo Giovanni Batista"; e dal lato del giglio: "Fiorenzia". Veggendo era moneta di Cristiani, mandò per gli mercatanti pisani che allora erano franchi e molto innanzi al re (e eziandio i Fiorentini si spacciavano in Tunisi per Pisani), e domandogli che città era tra' Cristiani quella *Florenza* che faceva i detti fiorini. Rispuosono i Pisani dispettosamente e per invidia, dicendo: "Sono nostri Arabi fra terra", che tanto viene a dire come nostri montanari. Rispuose saviamente il re: "Non mi pare moneta d'Arabi; o voi Pisani, quale moneta d'oro è la vostra?". Allora furono confusi e non seppono rispondere. Domandò se tra ·lloro era alcuno di Florenza; trovovisi uno mercatante d'Oltrarno ch'avea nome Pera Balducci, discreto e savio. Lo re lo domandò dello stato e essere di Firenze, cui i Pisani faceano loro Arabi; lo quale saviamente rispuose, mostrando la potenzia e la magnificenzia di Fiorenza, e come Pisa a comparazione non era di podere né di gente la metà di Firenze, e che non aveano moneta d'oro, e che il fiorino era guadagnato per gli Fiorentini sopra loro per molte vittorie. Per la qual cagione i detti Pisani furono vergognati, e lo re per cagione del fiorino, e per le parole del nostro savio cittadino, fece franchi i Fiorentini, e che avessono per loro fondaco d'abitazione e chiesa in Tunisi, e privilegiogli come i Pisani. E questo sapemo di vero dal detto Pera, uomo degno di fede, che ·cci trovammo co ·llui in compagnia all'uficio del priorato.

LIV *Come i Fiorentini feciono oste a Pistoia, e ebborla, e poi la città di Siena, e presono più loro castella.*

Negli anni di Cristo MCCLIII i Fiorentini feciono oste

sopra la città di Pistoia, che si tenea a parte ghibellina, e guastarla intorno intorno, per modo che neuno ne potea uscire. I Pistolesi veggendosi così assediati, sanza speranza di soccorso o aiuto neuno, sì s'arrenderono, a patti di rimettere i loro usciti guelfi in Pistoia, e che i Fiorentini vi facessono uno castello il quale fosse in sulla porta che viene da Firenze, e quello si facesse guardare per gli Fiorentini; e così fue fatto forte e bello, con tutto che assai dispiacesse a' Pistolesi; ma tuttora si tenne per gli Fiorentini infino che durò il buono popolo vecchio. Ma dopo la sconfitta da Monte Aperti, tornati i Ghibellini in Pistoia, si disfece il detto castello per gli Pistolesi. E tornata la detta felice oste a Firenze, incontanente andarono sopra la città di Siena, e diedono il guasto, e andarono infino al castello di Monte Alcino ch'è di là da Siena, e contra la forza de' Sanesi guernirono il detto castello, imperciò ch'era a ·lloro lega e accomandagione; e presono Rapolano e più altre castella e fortezze de' Sanesi, e tornarono in Firenze con grande onore; e a quello era podestà di Firenze messer Paolo da Soriano.

LV *Come i Fiorentini feciono oste a Siena, e' Sanesi feciono le comandamenta, e fue pace tra ·lloro.*

Nell'anno seguente MCCLIIII, essendo podestà di Firenze messer Guiscardo da Pietrasanta di Milano, i Fiorentini feciono oste per comune sopra la città di Siena, e puosono il campo e assedio al castello di Montereggione; e di certo l'avrebbono avuto, però che i Tedeschi che 'l guardavano erano in trattato di renderlo per libbre Lm di soldi XX il fiorino d'oro; e trovato gli anziani in una notte solo XX cittadini che ciascuno ne proferse M, sanza quegli delle minori somme; sì erano allora i cittadini in buona disposizione per lo bene del comune!

Ma i Sanesi per non perdere Montereggioni feciono le comandamenta de' Fiorentini, e fue fatta pace tra ·lloro e' Sanesi, e al tutto quetaro a' Fiorentini il castello di Monte Alcino.

LVI *Come i Fiorentini ebbono ii castello di Poggibonizzi e quello di Mortenana.*

Nel detto anno partitasi la detta bene aventurosa oste de' Fiorentini di su il contado di Siena, sì ebbono il castello di Poggibonizzi a patti, e poi il castello di Mortenana degli Isquarcialupi ebbono per forza e per ingegno, ch'era rubellato da' Fiorentini; e coloro che prima v'entrarono dentro furono fatti franchi in perpetuo da' Fiorentini.

LVII *Come i Fiorentini sconfissono i Volterrani e combattendo presono la città di Volterra.*

Come la detta oste si partì da Poggibonizzi, sanza tornare in Firenze, andò sopra la città di Volterra che ·lla teneano i Ghibellini, e giugnendo la detta oste su per le piagge e vigne di Volterra guastando, per intendimento che come l'avessono guasta tornarsi a Firenze, con ciò fosse che ·lla città di Volterra fosse delle più forti terre d'Italia, avenne, come piacque a Dio, una bella e improvisa vittoria a' Fiorentini; che' Volterrani, veggendo l'oste presso a le porte della loro città, con grande rigoglio e baldanza tutta la buona gente de la terra usciro fuori a la battaglia sanza niuno buono ordine di guerra o capitaneria, e assaliro i Fiorentini molto aspramente, e assai gli danneggiaro per lo vantaggio della scesa dal poggio. Ma il buono popolo de' Fiorentini vigorosamente sostennero la battaglia; e cominciato l'asalto, la cavalleria de' Fiorentini pinse al poggio all'aiuto del popolo che combatteano co' Volterrani, per modo che per forza gli misono in volta e in isconfitta. E fuggendo i Volterrani per ricoverare nella città, ch'erano le porte aperte, i Fiorentini mischiati co' Volterrani, combattendo co·lloro e cacciando insieme, sanza grande contasto si misono dentro a le porte; e quegli ch'erano a la guardia, veggendo i loro cittadini tornare in isconfitta, si misono a la fugga per modo che, ingrossando la gente de' Fiorentini, presono le porte, e le fortezze di sopra guerniro di loro gente, e entrato dentro, incontanente corsono la città sanza contasto niuno, anzi vennono loro incontro il vescovo con tutto il chericato della città colle croci in mano, e le donne della città scapigliate, gridando pace e misericordia. Per la qual cosa i Fiorentini, entrati nella terra, non vi lasciarono fare nulla ruberia, né micidio, né altro malificio, se non che a·lloro guisa riformaro la signoria, e poi ne mandarono fuori i caporali de' Ghibellini; e questo fue del mese d'agosto gli anni di Cristo MCCLIIII, a la detta signoria di messere Guiscardo da Pietrasanta.

LVIII *Come i Fiorentini andaro ad oste sopra Pisa, e' Pisani feciono le loro comandamenta.*

Come i Fiorentini ebbono riformata la città di Volterra a·lloro volontà, sanza tornare in Firenze, la loro bene aventurosa oste andarono sopra la città di Pisa. I Pisani avendo intese le vittorie de' Fiorentini, e la presa della forte città di Volterra, isbigottiti molto, mandarono loro ambasciadori a l'oste de' Fiorentini colle chiavi in mano in segno d'umiltà, per trattare di pace, e fare il piacere de' Fiorentini; la qual pace fue accettata in questo modo: che' Fiorentini a perpetuo fossono franchi in Pisa, sanza pagare niente di gabella né di niuno diritto di nulla mercatantia che entrasse o uscisse in Pisa per mare o per terra, e che i Pisani terrebbono il peso di Firenze, e la misura de' panni, e una lega di moneta, e di non essere contradi né fare guerra a' Fiorentini, né dare aiuto privato o palese a' loro nemici; e per patto domandaro la terra di Piombino o 'l castello di Ripafratta. E sentendo ciò i Pisani furono molto crucciosi, spezialmente perché i Fiorentini non prendessero Piombino per cagione del porto, e disdire non poteano la richesta de' Fiorentini. Uno Pisano ch'avea nome Vernagallo disse: "Se noi vogliamo ingannare i Fiorentini, mostrianne più teneri di Ripafratta che di Piombino, e eglino per prendere più tosto quello che più ci spiaccia, e per infestamento de' Lucchesi, prenderanno Ripafratta"; e così avenne, e Ripafratta presono, e poco appresso i Fiorentini la donaro a' Lucchesi. E ciò fu poco senno per gli Fiorentini, ch'avendo Piombino, e porto in mare, e la signoria di Volterra, troppo n'acrescea la città di Firenze. E per ciò tenere fermo, diedono i Pisani a' Fiorentini cinquanta stadichi de' migliori uomini di Pisa, i quali ne vennero in Firenze; ma poco tempo i detti Pisani attennero la detta pace. E ciò fatto per gli Fiorentini, la detta felice e bene aventurosa oste tornò in Firenze con grande trionfo e onore; e ciò fu del mese di settembre, gli anni di Cristo MCCLIIII, essendo podestà di Firenze il detto messer Guiscardo da Pietrasanta di Milano. E il detto anno fue per gli Fiorentini chiamato l'anno vittorioso; che ciò che per la detta oste s'imprese di fare venne loro bene fatto, e con grande vittoria e onore. Lasceremo alquanto de' fatti di Firenze, e diremo d'altre novitadi state ne' detti tempi in diverse parti brievemente.

LIX *Come il grande Cane de' Tartari si fece Cristiano, e mandò sua oste col fratello sopra i Saracini in Soria.*

Negli anni di Cristo MCCLIIII Mango, nipote che fu de Occota Cane imperadore de' Tartari, a richesta e amaestramento del re Aiton d'Ermenia si fece battezzare Cristiano, e col detto re d'Ermenia mandò Haloon suo fratello con grandissimo esercito di Tartari a cavallo per conquistare la Terrasanta, e renderla a' Cristiani. E vegnendo per lo reame di Persia, isconfisse il calif di Baldacca, ciò era il papa de' Saracini, e prese il detto calif e la città di Baldracca, che anticamente fue la grande Babbillonia chiamata, e 'l detto calif mise in pregione nella camera del suo tesoro medesimo, la quale era la più ricca d'oro e d'argento e di pietre preziose che fosse al mondo, e per avarizia non avea soldati, cavalieri, e genti a sua difenzione. Per la qual cosa il detto imperadore de' Tartari gli disse che del suo tesoro che s'avea serbato convenia che mangiasse, e vivesse sanza altra vivanda; e così tra quello tesoro morì di fame: e ciò fu gli anni di Cristo MCCLVI. Appresso il detto Haloon col re d'Ermenia discesono in Soria, vegnendo conquistando le province e terre di Saracini, e per forza presono la città d'Alappo, e quella di Damasco, e Antioccia, che teneano i Saracini; e il soldano d'Alappo fu preso, e tutto suo paese distrutto; e ciò fu gli anni di Cristo MCCLX. Ma ciò fatto, non compié di racquistare Gerusalem, perch'ebbe novelle che Mango Cane imperadore suo fratello era morto; e per essere egli gran Cane, cioè in nostra lingua grande imperadore, tornò in suo paese, e lasciòe il conquisto della detta Terrasanta.

LX *Come si cominciò la prima guerra tra' Genovesi e' Viniziani.*

Negli anni di Cristo MCCLVI si cominciò nella città d'Acri in Soria la guerra tra' Genovesi e' Viniziani, per cagione che ciascuno di loro Comuni vi volea essere il maggiore, e per la possessione di San Sabe d'Acri, che ciascuno la volea; onde derivò molto di male per gli tempi appresso, come di loro fatti faremo menzione. In quella riotta i Viniziani furono soperchiati da' Genovesi, ma ivi a due anni, ciò fu nel MCCLVIII, trovandosi in Acri l'armata de' Genovesi, ch'erano L galee e IIII navi, furono sconfitti dall'armata de' Viniziani, e prese XXIIII galee, e morti più di MDCC Genovesi; e disfeciono i Viniziani la ruga de' Genovesi e una loro bella torre che si chiamava la Mongioia, e recarne delle pietre infino in Vinegia: era loro amiraglio uno di quegli da ca' Corino.

LXI *Come il conte Guido Guerra cacciò la parte ghibellina d'Arezzo, e come i Fiorentini la vi rimisono.*

Negli anni di Cristo MCCLV i Fiorentini in servigio delli Orbitani, i quali aveano guerra co' Viterbesi e cogli altri loro vicini ghibellini e fedeli dello 'mperio e di Manfredi, mandarono loro innaiuto Vc cavalieri, onde feciono capitano il conte Guido Guerra de' conti Guidi; e giunto lui in Arezzo colla detta cavalleria, sanza volontà o mandato del Comune di Firenze, cacciò d'Arezzo la parte ghibellina, i quali Aretini erano in pace co' Fiorentini. Per la qual cosa il popolo di Firenze, adirato contro al detto conte, v'andarono ad oste ad Arezzo, e tanto vi stettono ch'egli ebbono la terra a ·lloro comandamento, e rimisonvi i Ghibellini, e 'l detto conte se ne partì; ma vi si volle prima dagli Aretini libbre XIIm, i quali i Fiorentini prestarono al Comune di Arezzo, ma non so s'elli si riebbono mai. E in questo tempo messer Alamanno de la Torre di Milano era podestà di Firenze.

LXII *Come i Pisani ruppono la pace; e come i Fiorentini gli sconfissono al ponte al Serchio.*

Negli anni di Cristo MCCLVI, ancora essendo podestà di Firenze il detto messer Alamanno, i Pisani per caldo e sodducimento del re Manfredi ruppono la pace ch'era tra ·lloro e' Fiorentini e' Lucchesi, e andarono sopra il contado di Lucca a oste al castello del ponte al Serchio. Per la qual cosa i Fiorentini andaro ad oste sopra Pisa da la parte di Lucca al soccorso del detto castello; e quivi assaliti i Pisani da' Fiorentini e Lucchesi, furono rotti e sconfitti, e molti morti, e presi più di IIIm, e annegati nel fiume del Serchio in grande quantità. E ciò fatto, i Fiorentini vennero ad oste a Pisa infino a Sa ·Iacopo in Valdiserchio, e quivi tagliaro uno grande pino, e battero in sul ceppo del detto pino i fiorini d'oro; e per ricordanza quelli che in quello luogo furono coniati ebbono per contrasegna tra' piedi di santo Giovanni quasi come uno trefoglio, a guisa d'uno piccolo albero; e de' nostri dì ne vedemmo noi assai di quelli fiorini. I Pisani vedendosi così sconfitti e assediati, feciono pace co' Fiorentini e co' Lucchesi, con ogni reverenza e patti che' Fiorentini seppono divisare. Intra gli altri patti vollono i Fiorentini in servigio de' Lucchesi, e ancora per avere libera la piaggia del Motrone per le loro mercatantie, che 'l castello del Motrone, che 'l teneano i Pisani, fosse a ·lloro comandamento, o fatto o disfatto, come piacesse al popolo di Firenze; e così fu promesso per gli Pisani. E essendo sopra ·cciò tenuto segreto consiglio tra ·ll'uficio degli anziani del popolo di Firenze, fu preso partito che 'l Mutrone si dovesse disfare per lo migliore, e il dì appresso si dovea in publico parlamento sentenziare. I Pisani temendo che' Fiorentini non giudicassero che rimanesse fatto a la signoria de' Lucchesi, sì mandarono incontanente in Firenze uno segreto e discreto cittadino con danari assai a dispendere per ciò riparare. E trovando in Firenze il più grande anziano e possente in popolo e in Comune (era Aldobrandino Ottobuoni, uno franco popolano da San Firenze), segretamente gli fece parlare a uno suo amico, profferendogli di dare IIIIm fiorini d'oro e più, se ne volesse, e egli adoperasse che 'l Mutrone si disfacesse. Il buono anziano Aldobrandino udendo la promessa, non fece come cupido o avaro, ma come leale e virtudioso cittadino; e avisandosi che il consiglio preso il dì dinanzi per lui e per gli altri anziani di disfare il Mutrone era al piacere de' Pisani, e potea esser danno de' Fiorentini e de' Lucchesi, si tornò al consiglio sanza scoprire la promessa che gli era stata fatta, e consigliò per belle e utili ragioni il contrario, cioè che 'l Mutrone non si disfacesse; e così fu preso e stanziato. E nota lettore la virtù di tanto cittadino, che non essendo troppo ricco d'avere, ebbe in sé tanta continenza e sincerità per lo suo Comune, che più non ebbe del tanto il buono romano Fabbrizio del tesoro a ·llui proferto per gli Sanniti; e però ne pare degna cosa di fare di lui memoria, per dare buono esemplo a' nostri cittadini che sono e che saranno, d'essere leali al loro Comune, e d'amare meglio memoria di fama di virtù che ·lla corruttibile pecunia. Il detto Aldobrandino, come piacque a Dio, poco tempo appresso morì in tanta buona fama per le sue virtudiose opere fatte per lo popolo e 'l Comune: per non essere ingrato feciono grande onore al suo corpo e a la sua memoria, che alle spese del Comune feciono fare nella chiesa di Santa Reparata uno monimento di marmo levato più che niuno altro, e in quello soppellire il suo corpo a grande onore; e nel detto sepolcro feciono intagliare questi versi: Fons est suppremus Aldibrandinus amenus Ottoboni natus, a bono civita datus. E poi dopo la sconfitta da Monte Aperti, tornati i ghibellini in Firenze, e rotto il popolo, certi per empiezza di parte feciono abattere la detta sepultura, e trarne il corpo morto di tre anni passati, e farlo strascinare per la città e gittare a' fossi. E però ancora nota gli atti della fallace fortuna a ricevere la sua memoria indegnamente sì fatta vergogna, dopo tanto degno onore ricevuto per lui a la sua vita e a la sua morte; ma faccendo comparazione a la sua buona fama e opere di virtù, le quali non si possono torre per la fallace ventura, ogni non dovuta vergogna fatta al suo corpo fu corona perpetua della sua buona fama, e obrobrio e vergogna degl'iniqui e malvagi operanti.

LXIII *Come i Fiorentini disfecero la prima volta il castello di Poggibonizzi.*

Negli anni di Cristo MCCLVII, essendo podestà di Firenze Matteo da Coreggia di Parma, i Fiorentini avendo sospetto del castello di Poggibonizzi, perché teneano parte ghibellina e d'imperio, ed erano in lega co' Sanesi, che allora nonn-erano amici de' Fiorentini, sì v'andarono i Fiorentini subitamente, e entrati nel castello, presono la terra per disfare le mura e fortezze. Per la qual cosa i Poggibonizzesi, ch'erano per loro grande Comune, vennero a ·fFirenze colle coregge in collo a chiedere mercé al Comune di Firenze, che 'l castello non fosse disfatto; ma invano furono le loro richeste, che 'l castello per gli Fiorentini fue abattuto e disfatto.

LXIV *Incidenza, raccontando uno grande miracolo del corpo di Cristo ch'avenne nella città di Parigi.*

Ne' detti tempi, regnando in Francia il buono re Luis, avenne uno grande miracolo del corpo di Cristo; che celebrando uno prete il sacramento in una cappella di Parigi presso a la sala del re, come piacque a Dio, apparve in sulle mani del prete a la vista de le genti, in luogo dell'ostia sacra, uno piccolo fanciullo molto bello e grazioso, il quale veduto da molti, pregaro il prete il sostenesse infino che al re Luis fosse fatto assapere, e che 'l venisse a vedere; così fece, onde molta quantità di gente entrasse a vedere. E essendo ciò detto al re Luis, e ch'egli v'andasse a vederlo, rispuose: "Vadalo a vedere chi nol crede, ch'io il veggio tuttavia nel mio cuore"; per la quale risposta fue commendato molto il re di grandissimo senno e di cattolica fede.

LXV *Come il popolo di Firenze cacciò la prima volta i Ghibellini di Firenze, e la cagione perché.*

Negli anni di Cristo MCCLVIII, essendo podestà di Firenze messere Iacopo Bernardi di Porco, all'uscita del mese di luglio quegli della casa degli Uberti co·lloro séguito de' Ghibellini, per sodducimento di Manfredi, ordinarono di rompere il popolo di Firenze, perché parea loro che pendessono in parte guelfa. Iscoperto il detto trattato per lo popolo, fatti richiedere e citare da la signoria, non vollono comparire né venire dinanzi, ma la famiglia della podestà da·lloro furono duramente fediti e percossi. Per la qual cosa il popolo corse ad arme, e a·ffurore corsono alle case degli Uberti, ov'è oggi la piazza del palagio del popolo e de' priori, e uccisorvi Schiattuzzo degli Uberti, e più loro masnadieri e famigliari; e fue preso Uberto Caini degli Uberti e Mangia degl'Infangati, i quali per loro confessata la congiura in parlamento, in Orto Sa ·Michele fu loro tagliata la testa; e gli altri della casa degli Uberti con più altre case de' Ghibellini uscirono di Firenze. I nomi delle case di rinnomo ghibelline ch'uscirono di Firenze furono queste: gli Uberti, i Fifanti, i Guidi, li Amidei, i Lamberti, gli Scolari, e parte degli Abati, Caponsacchi, Migliorelli, Soldanieri, Infangati, Ubriachi, Tedaldini, Galigari, que' della Pressa, Amieri, que' da Cersino, e' Razzanti, e più altre case e schiatte di popolari e grandi scaduti, che tutti non si possono nominare, e altre case de' nobili di contado; e andarne a Siena, la quale si reggea a parte ghibellina, e erano nemici de' Fiorentini: e furono disfatti i loro palagi e torri, che n'aveano assai, e di quelle pietre si murarono le mura da San Giorgio Oltrarno, che 'l popolo di Firenze fece in quelli tempi cominciare per la guerra de' Sanesi. E poi del mese di settembre prossimo del detto anno il popolo di Firenze fece pigliare l'abate di Valembrosa, il quale era gentile uomo de' signori di Beccheria di Pavia in Lombardia, essendoli apposto che a petizione de' Ghibellini usciti di Firenze trattava tradimento, e quello per martiro gli fece confessare, e scelleratamente nella piazza di Santo Appolinare gli feciono a grido di popolo tagliare il capo, non guardando a sua dignità, né a ordine sacro. Per la qual cosa il Comune di Firenze e' Fiorentini dal papa furono scomunicati; e dal Comune di Pavia, ond'era il detto abate, e da' suoi parenti i Fiorentini che passavano per Lombardia ricevevano molto danno e molestia. E di vero si disse che 'l religioso uomo nulla colpa avea, con tutto che di suo legnaggio fosse grande Ghibellino. Per lo quale peccato, e per molti altri fatti per lo scellerato popolo, si disse per molti savi che Iddio per giudicio divino permise vendetta sopra il detto popolo a la battaglia e sconfitta da Monte Aperti, come innanzi faremo menzione. Il detto popolo di Firenze, che in quegli tempi resse la città, fue molto superbo e d'alte e grandi imprese, e in molte cose fue molto trascotato; ma una cosa ebbono i rettori di quello, che furo molto leali e diritti a Comune; e perché uno ch'era anziano fece ricogliere e mandollo in sua villa uno cancello ch'era stato della chiusa del Leone, e andava per lo fango per la piazza di San Giovanni, sì ne fu condannato in libbre M, e sì come frodatore delle cose del Comune.

LXVI *Come gli Aretini presono e disfeciono Cortona.*

Negli anni di Cristo MCCLVIIII, essendo podestà d'Arezzo messere Stoldo Giacoppi de' Rossi di Firenze, per suo senno e valentia menò gli Aretini, e di notte con iscale entraro in Cortona, la quale era molto fortissima, ma per la mala guardia la perdero i Cortonesi; e gli Aretini disfeciono le mura e le fortezze, e feciogli loro suggetti; onde i Fiorentini, i quali erano a ·lloro lega, furono molto crucciosi, e recarsi che gli Aretini avessono rotta loro pace.

LXVII *Come i Fiorentini presono e disfeciono il castello di Gressa.*

Per la detta cagione i Fiorentini, il febbraio vegnente del detto anno, andarono ad oste a uno castello del vescovo d'Arezzo, ch'avea nome Gressa, molto forte con due cinte di mura, in Casentino, e quello per forza e per assedio ebbono, e poi il feciono disfare. Era podestà di Firenze messer Danese Crevelli di Milano.

LXVIII *Come il popolo di Firenze prese i castelli di Vernia e di Mangone.*

E poi tornata la detta oste, incontanente andaro ad oste sopra il castello di Vernia de' conti Alberti, e quello per assedio ebbono e disfeciono; e presono il castello di Mangona, e le genti e' fedeli feciono giurare a la fedeltà e ubidenza del popolo e Comune di Firenze, dando ogn'anno per san Giovanni certo censo al Comune. La cagione di ciòe fue che essendo il conte Allessandro, che di ragione n'era signore, piccolo garzone, il conte Nepoleone suo consorto e Ghibellino, imperciò ch'egli era a la sua guardia del popolo di Firenze, sì gli tolsono le dette castella, e guerreggiavano i Fiorentini; e per lo popolo di Firenze per lo modo detto furono racquistate; per la qual cosa rinvestironne poi il conte Allessandro, quando i Guelfi tornarono in Firenze: non vogliendo esser figliuolo d'ingratitudine, sì donò e fece testamento *intervivos*, che se' due suoi figliuoli Nerone e Alberto morissono sanza rede maschi e legittimi, lasciava i detti Vernia e Mangone a la massa della parte guelfa di Firenze; e ciò fu gli anni di Cristo MCCLXXIII.

LXIX *Incidenza, de' fatti che furono in Firenze al tempo del popolo*

Al tempo del detto popolo di Firenze fu al Comune presentato uno bellissimo e forte leone, il quale era inchiuso nella piazza di Santo Giovanni. Avenne che per mala guardia di quelli che 'l custodiva uscì il detto leone della sua stia correndo per la terra, onde tutta la città fu commossa di paura. Capitò inn-Orto Sammichele, e quivi prese uno fanciullo e tenealsi tra le branche. Udendolo la madre che non avea più, e questo fanciullo le rimase in ventre quando il padre gli fu morto, come disperata, con grande pianto scapigliata corse contra il leone, e trassegli il fanciullo tra ·lle branche; e' leone nullo male fece né a la donna né al fanciullo se non ch'egli guatò, e ristettesi. Fu questione qual caso fosse, o la gentilezza della natura del leone, o la fortuna riserbasse la vita del detto fanciullo perché poi facesse la vendetta del padre, com'elli fece, e fu poi chiamato Orlanduccio del leone di Calfette. E nota ch'al tempo del detto popolo, e in prima, e poi a gran tempo, i cittadini di Firenze viveano sobri, e di grosse vivande, e con piccole spese, e di molti costumi e leggiadrie grossi e ruddi; e di grossi drappi vestieno loro e loro donne, e molti portavano le pelli scoperte sanza panno, e colle berrette in capo, e tutti colli usatti in piede, e le donne fiorentine co' calzari sanza ornamenti, e passavansi le maggiori d'una gonnella assai stretta di grosso scarlatto d'Ipro, o di Camo, cinta ivi su d'uno scaggiale a l'antica, e uno mantello foderato di vaio col tassello sopra, e portavallo in capo; e le comuni donne vestite d'uno grosso verde di Cambragio per lo simile modo; e libbre C era comune dota di moglie, e libbre CC o CCC era a quegli tempi tenuta isfolgorata; e le più delle pulcelle aveano XX o più anni anzi ch'andassono a marito. Di sì fatto abito e di grossi costumi erano allora i Fiorentini, ma erano di buona fe' e leali tra ·lloro e al loro Comune; e colla loro grossa vita e povertà feciono maggiori e più virtudiose cose, che non sono fatte a' tempi nostri con più morbidezza e con più ricchezza.

LXX *Come il Paglialoco imperadore de' Greci tolse Gostantinopoli a' Franceschi e a' Viniziani.*

Nel detto anno di Cristo MCCLVIIII la città di Gostantinopoli, la quale fue conquistata per gli Franceschi e per gli Viniziani, come adietro facemmo menzione, essendone imperadore Baldovino nato della casa di Fiandra, Paglialoco imperadore de' Greci colla forza de' Genovesi, i quali con loro galee e navilio l'ataro per dispetto de' Viniziani loro nemici, fue presa, e cacciatine i Franceschi, e' Viniziani, e tutti i Latini; e mai poi non n'ebbono signoria. E a' Genovesi donò il Paglialoco molto tesoro, e diede per loro stanza la terra che ·ssi chiama Pera, la quale è presso di Gostantinopoli in sul corno del golfo, non fidandosi ch'eglino né altri Latini avessono fortezza in Gostantinopoli.

LXXI *D'una grandissima battaglia che fu tra gli re d'Ungaria e quello di Buem.*

Nell'anno MCCLX, essendo grande discordia tra 'l re d'Ungaria e quello di Buem per certe terre infra ·lloro confini, il re d'Ungaria entròe nel reame di Buem con più di LXXXm uomini a cavallo, che Ungheri, e Cumani, e Bracchi, e Alani, la maggiore parte pagani. Lo re di Buem si fece loro incontro con più di Cm uomini a cavallo; ma nota che tutti vanno a cavallo in su ogni ronzino, ferrato o isferrato, si nominano per cavalieri; ma infra questi n'ebbe bene VIIm a grandi cavagli coverti di maglia di ferro. E cominciata la grande battaglia a' confini de' detti reami, per la moltitudine e discorso de' cavagli si levò sì grande polvere, che di mezzodì si fece sì oscura l'aria, che l'uno non conoscie l'altro. Alla fine essendo il re d'Ungaria duramente fedito, gli Ungari si misono in fugga, e al trapasso d'una riviera più di XIIIIm si dice che n'anegaro. E dopo la detta sconfitta il re di Buem entrato in Ungaria, per solenni ambasciadori dagli Ungari fu richesto di pace, il quale raunate le terre ond'era il contasto, si fermòe con matrimonio tra ·lloro.

LXXII *Come il grande tiranno Azzolino di Romano fu sconfitto da' Chermonesi; e morì in pregione.*

Nel detto anno MCCLX Azzolino di Romano, cioè d'uno castello di trivigiana, dal marchese Palavigino e da' Chermonesi nel contado di Milano, presso al ponte di Casciano in sul fiume d'Adda, avendo con seco più di MD cavalieri, e andava per torre la città di Milano, fue sconfitto, e fedito, e preso; delle quali fedite in pregione morìo, nel castello di Solcino nobilemente fue soppellito. Elli trovava per sua profezia ch'egli dovea morire in uno castello del contado di Padova ch'avea nome Basciano, e in quello non entrava; e quando si sentì fedito, domandò come si chiamava il luogo; fugli detto Casciano; allora disse: "Casciano Basciano tutto è uno"; e giudicossi morto. Questo Azzolino fue il più crudele e ridottato tiranno che mai fosse tra' Cristiani, e signoreggiò per sua forza e tirannia, essendo di sua nazione della casa di Romano gentile uomo, grande tempo tutta la Marca di Trivigi, e la città di Padova, e gran parte di Lombardia; e' cittadini di Padova molta gran parte consumò, e acceconne pur de' migliori e de' più nobili in grande quantità, e togliendo le loro possesioni, e mandandogli mendicando per lo mondo, e molti altri per diversi martìri e tormenti fece morire, e a una ora XIm Padovani fece ardere, e per la innocenzia del loro sangue, per miracolo, mai poi in quello non nacque erba niuna. E sotto l'ombra d'una rudda e scellerata giustizia fece molti mali, e fue uno grande fragello al suo tempo nella Marca Trevigiana e in Lombardia, per pulire il peccato de la loro ingratitudine. A la fine, come piacque a Dio, vilmente da men possente gente della sua fue sconfitto e morto, e tutta la sua gente si sperse, e la sua signoria venne meno e suo legnaggio.

LXXIII *Come furono eletti re di Romani il re di Castello e Ricciardo conte di Cornovaglia.*

Nel detto anno, essendo d'assai tempo prima per gli elettori dello 'mperio eletti per discordia due imperadori, l'una parte (ciò furono tre de' lettori) elessono il re Alfonso di Spagna, e l'altra parte degli elettori elessono Ricciardo conte di Cornovaglia e fratello del re d'Inghilterra; e perché il reame di Boemia era in discordia, e due se ne faceano re, ciascuno diede la sua boce a la sua parte. E per molti anni era stata la discordia de' due eletti, ma la Chiesa di Roma più favoreggiava Alfonso di Spagna, acciò ch'egli colle sue forze venisse ad abattere la superbia e signoria di Manfredi; per la qual cagione i Guelfi di Firenze gli mandarono ambasciadori per somuoverlo del passare, promettendogli grande aiuto acciò che favorasse parte guelfa. E l'ambasciadore fue ser Brunetto Latini, uomo di grande senno e autoritade; ma innanzi che fosse fornita l'ambasciata, i Fiorentini furono sconfitti a Monte Aperti, e lo re Manfredi prese grande vigore e stato in tutta Italia, e 'l podere della parte della Chiesa n'abassò assai, per la qual cosa Alfonso di Spagna lasciò la 'mpresa dello 'mperio, e Ricciardo d'Inghilterra no ·lla seguìo.

LXXIV *Come gli usciti ghibellini di Firenze mandaro in Puglia al re Manfredi per soccorso.*

In questi tempi i Ghibellini scacciati di Firenze (ed erano nella città di Siena, e da' Sanesi erano male aiutati contra i Fiorentini, imperciò che non aveano podere contra la loro potenzia) sì ordinarono tra ·lloro di mandare loro ambasciadori in Puglia al re Manfredi per soccorso. I quali andati, pure de' migliori e più caporali di loro, più tempo seguendo, Manfredi no ·lli spacciava, né udiva la loro richesta, per molte bisogne ch'avea a ·ffare. A la fine volendosi partire, e prendendo commiato da ·llui molto male contenti, Manfredi promise loro di dare cento cavalieri tedeschi per loro aiuto. I detti ambasciadori turbatisi della prima proferta, e traendosi a consiglio di fare loro risposta, quasi per rifiutare sì povero aiuto, vergognandosi di tornare a Siena, ch'aveano speranza che desse loro aiuto di più di VIc cavalieri, messer Farinata degli Uberti disse: "Non vi sconfortate, e non rifiutiamo niuno suo aiuto, e sia piccolo quanto si vuole; facciamo che di grazia mandi co ·lloro la sua insegna, che venuti a Siena, noi la metteremo in tale luogo, che converrà ch'egli ce ne mandi anche"; e così avenne. E preso il savio consiglio del cavaliere, accettaro la profetta di Manfredi, graziosamente pregandolo che al capitano di loro desse la sua insegna; e così fece. E tornati in Siena con sì piccolo aiuto, grande scherna ne fu fatta da' Sanesi, e grande isbigottimento n'ebbono gli usciti di Firenze, attendendo troppo maggiore aiuto e sussidio da Manfredi.

LXXV *Come il Comune e popolo di Firenze feciono una grande oste infino a le porte di Siena col carroccio.*

Avenne che gli anni di Cristo MCCLX, del mese di maggio, il popolo e Comune di Firenze feciono oste generale sopra la città di Siena, e menarvi il carroccio. E nota che 'l carroccio che menava il Comune e popolo di Firenze era uno carro in su quattro ruote tutto dipinto vermiglio, e aveavi su commesse due grandi antenne vermiglie, in su le quali stava e ventilava il grande stendale dell'arme del Comune, ch'era dimezzato bianco e vermiglio, e ancora oggi si mostra in San Giovanni; e tiravalo uno grande paio di buoi coverti di panno vermiglio, che solamente erano diputati a ·cciò, e erano dello spedale di Pinti, e 'l guidatore era franco in Comune. Questo carroccio usavano i nostri antichi per trionfo e dignità; e quando s'andava in oste, e' conti vicini e' cavalieri il traevano dell'opera di San Giovanni, e conduciello in su la piazza di Mercato Nuovo, e posato per me' uno termine che ancora v'è d'una pietra intagliata a carroccio, sì ·ll'acomandavano al popolo. E' popolani il guidavano nell'osti, e a quello erano diputati in guardia i migliori e più forti e virtudiosi popolani a piè della cittade; e a quello s'amassava tutta la forza del popolo. E quando l'oste era bandita, uno mese dinanzi dove dovesse andare, si ponea una campana in su l'arco di porte Sante Marie, ch'era in sul capo di Mercato Nuovo; e quella al continuo era sonata di dìe e di notte, e per grandigia di dare campo al nimico ov'era bandita l'oste, che s'apparecchiasse. E chi la chiamava Martinella, e chi la campana degli asini. E quando l'oste de' Fiorentini andava, si sponeva dell'arco, e poneasi in su uno castello di legname in su uno carro, e al suono di quella si guidava l'oste. Di queste due pompe del carroccio e della campana si reggea la signorevole superbia del popolo vecchio e de' nostri antichi nell'osti. Lasceremo di ciò, e torneremo come i Fiorentini feciono sopra i Sanesi, che presono il castello di Vico, e quello di Mezano, e Casciole, ch'erano de' Sanesi, e puosonsi a oste a Siena presso a l'antiporta al munistero di Santa Petronella, e fecionvi fare ivi presso, in su uno poggetto rilevato che si vedea dalla cittade, una torre, ove teneano la campana; e a dispetto de' Sanesi, e a ricordanza di vittoria, ripiena di terra, vi piantarono suso uno ulivo, il quale infino a' nostri dì ancora v'era. Avenne in quello assedio che gli usciti di Firenze uno giorno diedono mangiare a' Tedeschi di Manfredi, e fattigli bene avinazzare e innebbriare, a romore caldamente gli feciono armare e montare a cavallo per fargli assalire l'oste de' Fiorentini, promettendo loro grandi doni e paga doppia; e ciò fu fatto cautamente per gli savi, seguendo il consiglio di Farinata degli Uberti preso infino in Puglia. I Tedeschi forsennati e caldi di vino uscirono fuori di Siena, e vigorosamente assaliro il campo de' Fiorentini, e perch'erano improvisi e con poca guardia, avendo la forza de' nemici per niente, con tutto che' Tedeschi fossono poca gente, in quello assalto feciono all'oste grande danno; e molti del popolo e della cavalleria in quello sùbito assalto feciono mala vista fuggendo, per tema che gli assalitori non fossono maggiore gente. Ma alla fine ravveggendosi, presono l'arme e la difenza contra i Tedeschi; e di quanti n'uscirono di Siena non ne scampò niuno vivo, che tutti furono morti e abbattuti, e la 'nsegna di Manfredi presa e strascinata per lo campo, e recata in Firenze; e ciò fatto, poco appresso si tornò l'oste de' Fiorentini in Firenze.

LXXVI *Come i Sanesi e gli usciti ghibellini di Firenze ebbono dal re Manfredi i ·lloro aiuto il conte Giordano con VIIIc Tedeschi.*

I Sanesi e gli usciti di Firenze veggendo la mala pruova che' Fiorentini aveano fatta per l'asalto di sì pochi cavalieri tedeschi, avisaro che avendone maggior quantità, sarebbono vincitori de la guerra. Incontanente si providono di moneta, e accattaro da la compagnia de' Salimbeni, ch'allora erano mercatanti, XXm fiorini d'oro, e puosono loro pegno la rocca a Tentennana, e più altre castella del Comune, e rimandarono loro ambasciadori in Puglia co la detta moneta al re Manfredi dicendo come la sua poca gente di Tedeschi per loro grande vigore e valentia s'erano messi ad assalire tutta l'oste de' Fiorentini, e gran parte di quella messa in fugga, ma se più fossono stati, aveano la vittoria; ma per la poca gente ch'erano, tutti erano rimasi morti al campo, e la sua insegna strascinata e vergognata per lo campo, e in Firenze e intorno. A ·cciò dissono quelle ragioni che seppono meglio per ismuovere Manfredi, il quale intesa la novella fu crucciato, e co la moneta de' Sanesi, che pagaro la metade per tre mesi, e a suo soldo, mandò in Toscana il conte Giordano suo maliscalco con VIIIc cavalieri tedeschi co detti ambasciadori, i quali giunsono in Siena a l'uscita di luglio, gli anni di Cristo MCCLX; e da' Sanesi furono ricevuti a gran festa, e eglino e tutti i Ghibellini di Toscana ne presono grande vigore e baldanza. E giunti in Siena, incontanente i Sanesi bandirono oste sopra il castello di Monte Alcino, il quale era accomandato del Comune di Firenze, e mandaro per aiuto a' Pisani e a tutti i Ghibellini di Toscana, sì che co' cavalieri di Siena, e cogli usciti di Firenze, e co' Tedeschi, e loro amistade, si trovarono con XVIIIc di cavalieri in Siena, che la maggiore parte erano Tedeschi.

LXXVII *Come gli usciti ghibellini di Firenze ordinaro d'ingannare e fare tradire il Comune e popolo di Firenze.*

Li usciti di Firenze, per cui trattato e opera il re Manfredi avea mandato il conte Giordano con VIIIc cavalieri tedeschi, si pensarono ch'elli aveano fatto niente, se non attraessono i Fiorentini fuori a campo, imperciò che' sopradetti Tedeschi nonn-erano pagati per più di tre mesi, e già n'era passato più d'uno e mezzo colla loro venuta; né moneta nonn-aveano da più conducergli, né attendeano da Manfredi; e passando il tempo di loro soldo, sanza fare alcuna cosa si tornavano in Puglia, con grande pericolo di loro stato. Ragionaro che ciò non si potea fornire sanza maestria e inganno di guerra, la quale industria fu commessa in messer Farinata degli Uberti e messer Gherardo Ciccia de' Lamberti. Costoro sottilemente ordinarono due savi frati minori loro messaggi al popolo di Firenze, e innanzi gli acozzaro con VIIII de' più possenti di Siena, i quali infintamente feciono veduta a' detti frati come spiacea loro la signoria di messer Provenzano Salvani, ch'era il maggiore del popolo di Siena, e che volentieri darebbono la terra a' Fiorentini, avendo Xm fiorini d'oro, e che venissono con grande oste sotto cagione di fornire Monte Alcino, e andassono infino in sul fiume d'Arbia; e allora co la forza di loro e di loro seguaci darebbono a' Fiorentini la porta di Santo Vito, ch'è nella via d'Arezzo. I frati, sotto questo inganno e tradimento, vennero a Firenze con lettere e suggegli de' detti, e feciono capo agli anziani del popolo, e profersono che recavano gran cose per onore del popolo e Comune di Firenze; ma la cosa era sì sagreta, che si volea sotto saramento manifestare a pochi. Allora gli anziani elessono di loro lo Spedito di porte San Piero, uomo di grande opera e ardire, ed era de' principali guidatori del popolo, e co·llui messer Gianni Calcagni di Vacchereccia; e fatto il saramento in su l'altare, i frati discopersono il detto trattato, e mostrarono le dette lettere. I detti due anziani, che gli portava più volontà che fermezza, diedono fede al trattato, e incontanente si trovaro i detti Xm fiorini d'oro, e si misono in diposito, e raunarono consiglio di grandi e di popolo, e misono innanzi che di nicessità bisognava di fare oste a Siena per fornire Monte Alcino, maggiore che nonn-era stata quella di maggio passato a Santa

Petornella. I nobili de le gran case guelfe di Firenze, e 'l conte Guido Guerra ch'era co ·lloro, non sappiendo il falso trattato, e sapeano più di guerra che' popolani, conoscendo la nuova masnada de' Tedeschi ch'era venuta in Siena, e la mala vista che fece il popolo a Santa Petornella quando i cento Tedeschi gli asaliro, non parea loro la 'mpresa sanza grande pericolo. E ancora sentendo i cittadini variati d'animi, e male disposti a fare più oste, rendero savio consiglio, che per lo migliore l'oste non procedesse al presente per le ragioni di su dette, e ancora mostrando come per poco costo si potea fornire Monte Alcino, e prendeallo a fornire gli Orbitani, e assegnando come i detti Tedeschi non aveano paga per più di tre mesi, e già aveano servito mezzo il tempo, e lasciandogli stentare sanza fare oste, tosto sarebbono straccati e tornerebbonsi in Puglia, e' Sanesi e gli usciti di Firenze rimarrebbono in peggiore stato che di prima. E 'l dicitore fu per tutti messer Tegghiaio Aldobrandi degli Adimari, cavaliere savio e prode e di grande autoritade; e di largo consigliava il migliore. Il sopradetto Spedito anziano, uomo molto prosuntuoso, compiuto il suo consiglio, villanamente il riprese, dicendo si cercasse le brache, s'aveva paura. E messer Tegghiaio gli rispuose ch'al bisogno non ardirebbe di seguirlo nella battaglia colà ov'egli si metterebbe. E finite le dette parole, poi si levò messere Cece de' Gherardini per dire il simigliante ch'avea detto messer Tegghiaio: gli anziani gli comandaro che non dicesse, e era pena libbre C, chi aringasse contra il comandamento degli anziani. Il cavaliere le volle pagare per contradire la detta andata: non vollono gli anziani, anzi raddoppiarono la pena; ancora volle pagare, e così infino libbre CCC; e quando ancora volle dire e pagare, fu comandamento pena la testa; e così rimase. Ma per lo popolo superbo e traccurato si vinse il peggiore, che la detta oste presentemente e sanza indugio procedesse.

LXXVIII *Come i Fiorentini feciono oste per fornire Monte Alcino, e furono sconfitti dal conte Giordano e da' Sanesi a Monte Aperti.*

Preso il mal consiglio per lo popolo di Firenze che l'oste si facesse, richiesono loro amistadi d'aiuto, i quali, i Lucchesi vennero per comune popolo e cavalieri, e' Bolognesi, e' Pistolesi, e' Pratesi, e' Volterrani, e' Samminiatesi, e San Gimignano, e Colle di Valdelsa ch'erano in taglia col Comune e popolo di Firenze; e in Firenze aveva VIIIc cavallate de' cittadini, e più di Vc soldati. E raunata la detta gente in Firenze, si partì l'oste all'uscita d'agosto, e menarono per pompa e grandigia il carroccio, e una campana che si chiamava Martinella in su uno carro con uno castello di legname a ruote, e andarvi quasi tutto il popolo colle insegne delle compagnie, e non rimase casa né famiglia di Firenze, che non v'andasse pedone a piè o a cavallo, il meno uno per casa, e di tali due, e più, secondo ch'erano potenti. E quando si trovaro in sul contado di Siena al luogo ordinato in sul fiume d'Arbia, nel luogo detto Monte Aperti, con Perugini e Orbitani che là s'aggiunsono co' Fiorentini, si ritrovaro più di IIIm cavalieri e più di XXXm pedoni. In questo apparecchio dell'oste de' Fiorentini, i sopradetti maestri del trattato ch'erano in Siena, acciò che pienamente venisse fornito, anche mandarono a Firenze altri frati a trattare tradimento con certi grandi e popolani ghibellini ch'erano rimasi in Firenze, e doveano venire per comune nell'oste, che come fossono assembiati, si dovessono da più parti fuggire delle schiere, e tornare dalla loro parte, per isbigottire l'oste de' Fiorentini, parendo a ·lloro avere poca gente a comparazione de' Fiorentini; e così fu fatto. Avenne che, essendo la detta oste in su i colli di Monte Aperti, e' savi anziani guidatori dell'oste e del trattato attendeano che per gli traditori d'entro fosse loro data la porta promessa. Uno grande popolare di Firenze di porte San Piero, ch'era Ghibellino, e avea nome il Razzante, avendo alcuna cosa spirato dell'attendere dell'oste de' Fiorentini, con volontà de' Ghibellini del campo ch'erano al tradimento, gli fu commesso ch'entrasse in Siena, ond'egli si fuggì a cavallo del campo per fare assapere agli usciti di Firenze come si dovea tradire la città di Siena, e come i Fiorentini erano bene in concio, e con molta potenza di cavalieri e di popolo, e per dire a que' d'entro che non s'avisassono a battaglia. E giunto in Siena, e scoperte queste cose a' detti messer Farinata e messer Gherardo trattatori, sì gli dissono: "Tu ci uccideresti, se tu ispandessi queste novelle per Siena, imperciò che ogni uomo faresti impaurire, ma vogliamo che dichi il contrario; imperciò che se ora ch'avemo questi Tedeschi non si combatte, noi siamo morti, e mai non ritorneremo in Firenze; e per noi farebbe meglio la morte e d'essere isconfitti, ch'andare più tapinando per lo mondo"; e facea per loro di mettersi a la fortuna della battaglia. Il Razzante assettato da' detti, intese e promise di così dire; e con una ghirlanda in capo, co' detti a cavallo, mostrando grande allegrezza, venne al parlamento al palagio ov'era tutto il popolo di Siena, e' Tedeschi, e l'altre amistadi; e in quello con lieta faccia disse le novelle larghe da parte de' Ghibellini e traditori del campo, e come l'oste si reggea male, e erano male guidati, e peggio in concordia, e che assalendogli francamente, di certo erano sconfitti. E fatto il falso rapporto per Razzante, a grido di popolo si mossono tutti ad arme dicendo: "Battaglia, battaglia!". I Tedeschi vollono promessa di paga doppia, e così fue fatto; e loro schiera misono innanzi all'asalto per la detta porta di San Vito, che dove' a' Fiorentini essere data; e gli altri cavalieri e popolo usciro appresso. Quando quegli dell'oste ch'attendeano che fosse loro data la porta vidono uscire i Tedeschi e l'altra cavalleria e popolo fuori di Siena inverso loro con vista di combattere, sì ·ssi maravigliarono forte e non sanza isbigottimento grande, veggendo il sùbito avenimento e assalto non proveduto; e maggiormente gli fece isbigottire che più Ghibellini ch'erano nel campo a cavallo e a piè, veggendo appressare le schiere de' nemici, com'era ordinato il tradimento, si fuggirono da l'altra parte; e ciò furono di que' della Pressa, e degli Abati, e più altri. E però non lasciarono i Fiorentini e l'altra loro amistade di fare loro schiere, e attendere la battaglia. E come la schiera de' Tedeschi rovinosamente percosse la schiera de' cavalieri de' Fiorentini ov'era la 'nsegna della cavalleria del Comune, la quale portava messer Jacopo del Naca della casa de' Pazzi di Firenze, uomo di grande valore, il traditore di messer Bocca degli Abati, ch'era in sua schiera e presso di lui, colla spada fedì il detto messer Jacopo e tagliogli la mano co la quale tenea la detta insegna, e ivi fu morto di presente. E ciò fatto, la cavalleria e popolo veggendo abattuta la 'nsegna, e così traditi da ·lloro, e da' Tedeschi sì forte assaliti, in poco d'ora si misono inn-isconfitta. Ma perché la cavalleria di Firenze prima s'avidono del tradimento, non ne rimasono che XXXVI uomini di nome di cavallate tra morti e presi. Ma la grande mortalità e presura fue del popolo di Firenze a piè, e di Lucchesi, e Orbitani, però che si rinchiusono nel castello di Monte Aperti, e tutti furono presi; ma più di MMD ne rimasono al campo morti, e più di MD presi pur de' migliori del popolo di Firenze di ciascuna casa, e di Lucca, e degli altri amici che furono a la detta battaglia. E così s'adonò la rabbia dell'ingrato e superbio popolo di Firenze; e ciò fu uno martedì, a dì IIII di settembre, gli anni di Cristo MCCLX; e rimasevi il carroccio, e la campana detta Martinella, con innumerabile preda d'arnesi di Fiorentini e di loro amistade. E allora fu rotto e annullato il popolo vecchio di Firenze, ch'era durato in tante vittorie e grande signoria e stato per X anni.

LXXIX *Come i Guelfi di Firenze dopo la detta sconfitta si partirono di Firenze, e andarsene a Lucca.*

Venuta in Firenze la novella della dolorosa sconfitta, e tornando i miseri fuggiti di quella, si levò il pianto d'uomini e di femmine in Firenze sì grande, ch'andava infino a cielo; imperciò che non avea casa niuna in Firenze, piccola o grande, che non vi rimanesse uomo morto o preso; e di Lucca e del contado ve ne rimasono gran quantità, e degli Orbitani. Per la qual cosa i caporali de' Guelfi, nobili e popolari, ch'erano tornati dalla sconfitta, e quegli ch'erano in Firenze, isbigottiti e impauriti, e temendo degli usciti che venieno da Siena colle masnade tedesche; e' Ghibellini ribelli e confinati ch'erano fuori della cittade cominciarono a tornare nella terra; per la qual cosa i Guelfi, sanz'altro commiato o cacciamento, colle loro famiglie piagnendo uscirono di Firenze, e andarsene a Lucca, giuovedì a dì XIII di settembre, gli anni di Cristo MCCLX. Queste furono le principali case guelfe ch'uscirono di Firenze: del sesto d'Oltrarno, i Rossi, e' Nerli, e parte de' Mannelli, i Bardi, e' Mozzi, e' Frescobaldi; gli popolani del detto sesto case notabili, Canigiani, Magli, e Machiavelli, Belfredelli, e Orciolini, Aglioni, Rinucci, Barbadori, e Battimammi, e Soderini, e Malduri, e Amirati. Di San Piero Scheraggio, i nobili: Gherardini, Lucardesi, Cavalcanti, Bagnesi, Pulci, Guidalotti, Malispini, Foraboschi, Manieri, quelli da Quona, Sacchetti, Compiobbesi; i popolani: Magalotti, Mancini, Bucelli, e quelli della Vitella. Del sesto di Borgo, i nobili: i Bondelmonti, Scali, Spini, Gianfigliazzi, Giandonati, Bostichi, Altoviti, i Ciampali, Baldovinetti e altri. Del sesto di San Brancazio, i nobili: Tornaquinci, Vecchietti, e' Pigli parte di loro, Minerbetti, Becchenugi, e Bordoni e altri. Di porte del Duomo: i Tosinghi, Arrigucci, Agli, Sizii, Marignolli, e ser Brunetto Latini e' suoi, e più altri. Di porte San Piero: Adimari, Pazzi, Visdomini, e parte de' Donati; dal lato delli Scolari rimasono que' della Bella, i Carri, i Ghiberti, i Guidalotti di Balla, i Mazzocchi, gli Uccellini, Boccatonde; e oltre a questi molti confinati grandi e popolani per ciascuno sesto. E della partita molto furono da riprendere i Guelfi, imperciò che ·lla città di Firenze era molto forte di mura e di fossi pieni d'acqua, e da poterla bene difendere e tenere; ma il giudicio di Dio per punire le peccata conviene che faccia suo corso sanza riparo; e a cui Idio vuole male gli toglie il senno e l'accorgimento. E partiti i Guelfi il giuovidì, la domenica vegnente a dì XVI di settembre, gli usciti di Firenze ch'erano stati a la battaglia a Monte Aperti, col conte Giordano e colle sue masnade de' Tedeschi, e cogli altri soldati de' Ghibellini di Toscana, arricchiti delle prede de' Fiorentini e degli altri Guelfi di Toscana, entrarono nella città di Firenze sanza contasto neuno. E incontanente feciono podestà di Firenze per lo re Manfredi Guido Novello de' conti

Guidi dal dì a calen di gennaio vegnente a due anni; e tenea ragione nel palagio vecchio del popolo da San Pulinari, ed era la scala di fuori. E poco tempo appresso fece fare la porta Ghibellina, e aprire quella via di fuori, acciò che per quella via che risponde al palagio potesse avere entrata e uscita al bisogno, per mettere in Firenze i suoi fedeli di Casentino a guardia di lui e della terra; e perché si fece al tempo de' Ghibellini, la porta e la via ebbe sopranome Ghibellina. Questo conte Guido fece giurare tutti i cittadini che rimasono in Firenze la fedeltà del re Manfredi, e per patti promessi a' Sanesi fece disfare cinque castella del contado di Firenze ch'erano alle loro frontiere; e rimase in Firenze per capitano di guerra, e vicario generale per lo re Manfredi, il detto conte Giordano colle masnade de' tedeschi al soldo de' Fiorentini, i quali molto perseguitarono i Guelfi in più parti in Toscana, come innanzi faremo menzione; e tolsono tutti i loro beni, e disfeciono molti palagi e torri de' Guelfi, e misono in comune i loro beni. Il detto conte Giordano fu gentile uomo di Piemonte in Lombardia, e parente della madre del re Manfredi; e per la sua prodezza, e perch'era molto fedele di Manfredi, e di vita e di costumi così mondano com'egli, il fece conte e li diè terra in Puglia, e di piccolo stato il mise in grande signoria.

LXXX *Come la novella della sconfitta de' Fiorentini fu in corte di papa, e la profezia che ne disse il cardinale Bianco.*

Come in corte di Roma venne la novella della sopradetta sconfitta, il papa e' cardinali, ch'amavano lo stato di santa Chiesa, n'ebbono grande dolore e compassione, sì per gli Fiorentini, e sì perché di ciò montava lo stato e podere di Manfredi nimico della Chiesa; ma il cardinale

Attaviano degli Ubaldini ch'era Ghibellino ne fece gran festa; onde ciò veggendo il cardinale Bianco, il qual era grande astrolago e maestro di nigromanzia, disse: "Se 'l cardinale Attaviano sapesse il futuro di questa guerra de' Fiorentini, e' non farebbe questa allegrezza". Il collegio de' cardinali il pregaro che dovesse dichiarire più in aperto. Il cardinale Bianco non volea dire, perché parlare del futuro gli pareva inlicito a la sua dignità, ma i cardinali pregarono tanto il papa che gliele comandasse sotto ubbidienza ch'egli il dicesse. Avuto il detto comandamento, disse in brieve sermone: "I vinti vittoriosamente vinceranno, e in etterno non saranno vinti". Ciò s'interpetrò che' Guelfi vinti e cacciati di Firenze vittoriosamente tornerebbono innistato, e mai in etterno non perderebbono loro stato e signoria di Firenze.

LXXXI *Come i Ghibellini di Toscana ordinarono di disfare la città di Firenze, e come messer Farinata degli Uberti la difese.*

Per lo simile modo ch'uscirono i Guelfi di Firenze, così feciono quegli di Prato, e di Pistoia, e di Volterra, e di Samminiato, e di San Gimignano, e di più altre terre e castella di Toscana, le quali tornarono tutte a parte ghibellina, se non fu la città di Lucca, la quale si tenne a parte guelfa uno tempo, e fu rifuggio de' Guelfi di Firenze, e degli altri usciti di Toscana. I quali Guelfi di Firenze feciono loro istanza in Lucca in borgo intorno a San Friano; e la loggia dinanzi a San Friano feciono i Fiorentini. E ritrovandosi i Fiorentini in quello luogo, messer Tegghiaio Aldobrandi veggendo lo Spedito che nel consiglio gli avea detta villania, e che si cercasse le brache, s'alzò e trassesi de' caviglioni V fiorini d'oro ch'avea, e mostrogli allo Spedito che di Firenze era uscito assai povero; disse per rimproccio: "Vedi com'io ho conce le brache? A questo hai tu condotto te e me e gli altri per la tua audacia e superbia signoria". Lo Spedito rispuose: "E voi perché ·cci credavate?". Avemo di queste piccole e vili parole fatta menzione per assempro che niuno cittadino, e massimamente i popolani o di piccolo affare, quando ha signoria non dee essere troppo ardito o prosuntuoso. In questo tempo i Pisani, e' Sanesi, e gli Aretini col detto conte Giordano e cogli altri caporali ghibellini di Toscana ordinaro di fare parlamento a Empoli, per riformare lo stato di parte ghibellina in Toscana, e fare taglia; e così feciono. E però che al conte Giordano convenia tornare in Puglia al re Manfredi, per mandato del detto Manfredi fue ordinato suo vicario generale e capitano di guerra in Toscana il conte Guido Novello de' conti Guidi di Casentino e di Modigliana, il quale per parte disertò il conte Simone suo fratello, e 'l conte Guido Guerra suo consorto, e tutti quegli del suo lato che teneano parte guelfa; e disposto era al tutto di cacciarne chi Guelfo fosse di Toscana. E nel detto parlamento tutte le città vicine, e' conti Guidi, e' conti Alberti, e que' da Santa Fiore, e gli Ubaldini, e tutti i baroni d'intorno propuosono e furono in concordia, per lo migliore di parte ghibellina, di disfare al tutto la città di Firenze, e di recarla a borgora, acciò che mai di suo stato non fosse rinnomo, fama, né podere. A la quale proposta si levò e contradisse il valente e savio cavaliere messer Farinata degli Uberti, e nella sua diceria propuose gli antichi due grossi proverbi che dicono: "Com'asino sape, così minuzza rape" e "Vassi capra zoppa, se 'l lupo no ·lla 'ntoppa"; e questi due proverbi rinestò in uno, dicendo. "Com'asino sape, sì va capra zoppa; così minuzza rape, se 'l lupo no ·lla 'ntoppa";

recando poi con savie parole assempro e comparazioni sopra il grosso proverbio, com'era follia di ciò parlare, e come gran pericolo e danno ne potea avenire; e s'altri ch'egli non fosse, mentre ch'egli avesse vita in corpo, colla spada in mano la difenderebbe. Veggendo ciò il conte Giordano, e l'uomo, e della autoritade ch'era messer Farinata, e il suo gran seguito, e come parte ghibellina se ne potea partire e avere discordia, sì ·ssi rimase, e intesono ad altro; sicché per uno buono uomo cittadino scampò la nostra città di Firenze da tanta furia, distruggimento, ruina. Ma poi il detto popolo di Firenze ne fu ingrato, male conoscente contra il detto messer Farinata, e sua progenia e lignaggio, come innanzi faremo menzione; ma per la sconoscenza dello ingrato popolo, nondimeno è da commendare e da ·ffare notabile memoria del virtudioso e buono cittadino, che fece a guisa del buono antico Cammillo di Roma, come racconta Valerio, e Tito Livio.

LXXXII *Come il conte Guido vicario colla taglia de' Ghibellini di' Toscana andarono sopra Lucca, e ebbono Santa Maria a Monte, e più castella.*

Negli anni di Cristo MCCLXI il conte Guido Novello vicario per lo re Manfredi in Firenze, co la taglia di parte ghibellina di Toscana, feciono oste sopra il contado di Lucca del mese di settembre, e furono IIIm cavalieri tra Toscani e Tedeschi, e popolo grandissimo. E ebbono Castello Franco, e Santa Croce, e puosono assedio a Santa Maria a Monte, e a quello stettono per tre mesi; e poi per difalta di vittuaglia s'arendero a patti, salvi avere e persone. E poi ebbono Montecalvi, e 'l Pozzo; e poi tornarono all'asedio di Fucecchio, che v'erano dentro il fiore di tutti gli usciti guelfi di Toscana, e a quello stettono all'assedio, gittandovi più difici, e con molti ingegni e assalti, per XXX dì. A la fine per la buona gente che dentro v'era, e bene guernito, ma maggiormente per grande acquazzone (che 'l terreno d'intorno, ch'è forte, per la piova male si può osteggiare), convenne si partisse l'oste, e nol poterono avere; e sì vi fu intorno all'assedio le masnade de' Tedeschi ch'erano a la taglia de' Ghibellini di Toscana, ch'erano M cavalieri, onde Guido Novello era vicario generale per lo re Manfredi, e tutta la forza de' Ghibellini di Firenze, e di Pisa, e di Siena, e d'Arezzo, e di Pistoia, e di Prato, e dell'altre città e castella di Toscana; e compiuta la detta oste, si tornarono a Firenze.

LXXXIII *Come gli usciti guelfi di Firenze mandarono loro ambasciadori in Alamagna per sommuovere Curradino contra Manfredi.*

In questi tempi veggendosi gli usciti guelfi di Firenze, e dell'altre terre di Toscana, esser così perseguiti da la forza di Manfredi e de' Ghibellini di Toscana, e veggendo che nullo signore si levava contra la forza di Manfredi, e eziandio la Chiesa avea piccolo podere contra ·llui, sì ·ssi pensarono di mandare loro ambasciadori nella Magna a sommuovere lo picciolo Curradino contro a Manfredi suo zio, che falsamente gli tenea il regno di Cicilia e di Puglia, profferendogli grande aiuto e favore. E così fu fatto, ché de' maggiori usciti di Firenze v'andarono per ambasciadori con quegli del Comune di Lucca; e per gli usciti guelfi di Firenze v'andò messer Bonaccorso Bellincioni degli Adimari e messer Simone Donati. E trovarono Curradino sì piccolo garzone, che la madre in nulla guisa acconsentìo di lasciarlo partire da sé, con tutto che di volere e d'animo era grande contro a

Manfredi, e avealo per nimico e ribello di Curradino. E tornando i detti ambasciadori d'Alamagna, per insegna e arra della venuta di Curradino, si feciono donare la sua mantellina foderata di vaio, la quale recata a Lucca, grande festa ne fu fatta per gli Guelfi, e mostravasi in San Friano di Lucca com'una santuaria. Ma non sapeano il futuro distino i Guelfi di Toscana, come il detto Curradino dovea esser loro nemico.

LXXXIV *Come gli usciti guelfi di Firenze presono Signa, ma poco la tennono.*

L'anno appresso MCCLXII i Guelfi usciti di Firenze e gli altri usciti di Toscana, essendo l'oste e la taglia de' Ghibellini tornati tutti a·lloro terre, per alcuno trattato ch'aveano in Firenze, subitamente partiti da Lucca, una notte entrarono in Signa e presono la terra, e quella intendeano afforzare; onde in Firenze ebbe grande romore e sombuglio. Il conte Guido incontanente mandò a Pisa, e a Siena, e all'altre terre vicine per soccorso di genti, e incontanente vennero con grande cavalleria. Gli usciti guelfi sentendo loro venuta, non s'ardirono di restare in Signa, ma si partirono e tornarono in Lucca; e ciò fu del mese di...

LXXXV *Come il conte Guido vicario colla taglia di Toscana e colla forza de' Pisani feciono oste sopra Lucca, per la qual cosa i Lucchesi s'accordaro a pace, e cacciarono di Lucca gli usciti guelfi.*

La state appresso il detto vicario co' Fiorentini, co' Pisani, e l'altre amistà della taglia de' Ghibellini di Toscana, a petizione de' Pisani, feciono oste sopra le terre e castella de' Lucchesi, ed ebbono Castiglione, e sconfissonvi i Lucchesi, e gli usciti guelfi di Firenze; e messer

Cece de' Bondelmonti vi fu preso, e miselsi in groppa messer Farinata degli Uberti: chi dice per iscamparlo. Messer Piero Asino degli Uberti gli diede d'una mazza di ferro in testa, e in groppa del fratello l'uccise; onde furono assai ripresi. E dopo la detta sconfitta il conte Guido co' Pisani e' Ghibellini di Firenze ebbono il castello di Nozano, e ponte al Serchio, e Rotaia; e Serrezzano s'arrendé a ·lloro. I Lucchesi veggendosi così assalire e spogliare di loro castella, e per riavere i loro pregioni, che ancora n'avea in Siena della sconfitta di Monte Aperti grande quantità, e pur de' migliori, e veggendo che degli usciti guelfi delle terre di Toscana non aveano altro che briga, e impaccio, e danno per la loro povertà, segretamente feciono trattato col vicario di Manfredi di cacciare gli usciti guelfi di Firenze e dell'altre terre di Toscana, di Lucca, e di riavere i loro pregioni e le loro castella, e di tenere alla taglia, e prendere vicario, mantenendosi in unitade e in pacifico stato, sanza cacciare di Lucca parte alcuna. E così fu fatto e fermo l'accordo, e sì segreto, che nullo uscito ne sentì nulla, che bene l'avrebbono sturbato. E subitamente fu a tutti comandato che sotto pena dell'avere e della persona che dovessono isgombrare Lucca e 'l contado infra i tre dì; onde gli sventurati Guelfi usciti di Firenze e dell'altre terre guelfe di Toscana, sanz'altro rimedio o misericordia, convenne loro uscire di Lucca e del contado colle loro famiglie; imperciò che di presente furono in Lucca le masnade tedesche, e fatto capitano per lo vicario messer Gozello da Ghianzuolo; per la qual cosa molte gentili donne mogli degli usciti di Firenze per niccessità in su l'alpe di San Pellegrino, che sono tra Lucca e Modona, partoriro loro figliuoli, e con tanto esilio e miseria se n'andarono alla città di Bologna; e ciò fu del mese di..., gli anni di Cristo MCCLXIII. Ben si dice per molti antichi che l'uscita de' Guelfi di Firenze di Lucca fu cagione di loro ricchezza, perciò che molti Fiorentini usciti n'andarono oltremonti in Francia a guadagnare, che prima non erano mai usati, onde poi molte ricchezze ne reddiro in Firenze; e cadeci il proverbio che dice: "Bisogno fa prod'uomo". E partiti i Guelfi di Lucca, non rimase città né castello in Toscana, picciolo o grande, che non tornasse a parte ghibellina. In questi tempi, essendo il conte Guido Novello signore in Firenze, tutta la camera del Comune votò, e trassene tra più volte assai bellissime balestra e altri guernimenti da oste, e mandonnegli a Poppi in Casentino suo castello.

LXXXVI *Come gli usciti guelfi di Firenze e gli altri usciti di Toscana cacciarono i Ghibellini di Modona, e poi di Reggio.*

Venuti nella città di Bologna i miseri Guelfi cacciati di Firenze e di tutte le terre di Toscana, che niuna se ne tenea a parte guelfa, più tempo stettono in Bologna con grande soffratta e povertà, chi a soldo a piè, e chi a cavallo, e chi sanza soldo. Avenne in quegli tempi che quegli della città di Modona, la parte guelfa co' Ghibellini, vennono a disensione e battaglia cittadinesca tra ·lloro, com'è usanza delle terre di Lombardia di raunarsi e di combattersi in su la piazza del Comune: più dì stettono afrontati l'uno contra l'altro sanza soprastare l'una parte l'altra. Avenne che' Guelfi mandarono per soccorso a Bologna, e spezialmente agli usciti guelfi di Firenze, i quali incontanente, come gente bisognosa e che per loro facie guerra, sì v'andarono a piè e a cavallo, come meglio ciascuno potéo. E giunti a Modona, per gli Guelfi fu data loro una porta, e messi dentro; e incontanente, venuti in su la piazza di Modona, come gente virtudiosa, e disposta ad arme e a guerra, si misono a la battaglia contro a' Ghibellini, i quali poco sostennero, che furono sconfitti, e morti, e cacciati della terra, e rubate le loro case, e beni; delle quali prede i detti usciti di Firenze guelfi e dell'altra Toscana molto ingrassaro, e si forniro di cavagli e d'arme, che n'aveano grande bisogno; e ciò fu gli anni di Cristo MCCLXIII. E stando in Modona, poco tempo appresso, per simile modo come fece Modona, si cominciò battaglia nella città di Reggio in Lombardia tra' Guelfi e' Ghibellini; e mandato per gli Guelfi di Reggio per soccorso agli usciti guelfi di Firenze ch'erano in Modona, incontanente v'andarono, e feciono capitano di loro messere Forese degli Adimari. E entrati in Reggio, furono in su la piazza a la battaglia, la quale molto durò, imperciò che' Ghibellini di Reggio erano molto possenti, e intra gli altri v'avea uno chiamato il Caca da Reggio, e ancora per ischerne del nome di lui si fa menzione in motti. Questi era grande quasi com'uno gigante, e di maravigliosa forza, e con una mazza di ferro in mano, nullo gli s'ardiva ad appressare che non abbattesse in terra o morto o guasto, e per lui era ritenuta quasi tutta la battaglia. Veggendo ciò i gentili uomini di Firenze usciti, si elessono tra ·lloro XII de' più valorosi, e chiamaronsi gli XII paladini, i quali colle coltella in mano si strinsono adosso al detto valente uomo, il quale dopo molto grande difesa, e molti de' nimici abattuti, sì fu aterrato e morto in su la piazza; e sì tosto come i Ghibellini vidono atterrato il loro campione, si misono in fuga e in sconfitta, e furono cacciati di Reggio. E se gli usciti guelfi di Firenze e dell'altre terre di Toscana arricchirono delle prede de' Ghibellini di Modona, maggiormente aricchirono di quelle de'

Ghibellini di Reggio; e tutti s'incavallaro, sicché in poco tempo, standosi in Reggio e in Modona, furono più di CCCC a cavallo di buona gente d'arme bene montati, e vennono a grande bisogno e sussidio di Carlo conte d'Angiò e di Proenza, quando passò in Puglia contra Manfredi, come innanzi faremo menzione. Lasceremo alquanto de' fatti di Firenze e degli usciti guelfi, e torneremo alle novitadi che ne' detti tempi furono tra la Chiesa di Roma e Manfredi.

LXXXVII *Come Manfredi perseguitò papa Urbano e la Chiesa co' suoi Saracini di Nocera, e come fu predicata la croce contro a ·lloro.*

Per la sconfitta de' Fiorentini e degli altri Guelfi di Toscana a Monte Aperti, come detto avemo adietro, lo re Manfredi montò in grande signoria e stato, e tutta la parte imperiale di Toscana e di Lombardia molto n'asaltò; e la Chiesa e' suoi divoti e fedeli n'abassarono molto in tutte parti. Avenne che molto poco tempo appresso, nel detto anno MCCLX, papa Allessandro passò di questa vita nella città di Viterbo, e vacò la Chiesa sanza pastore V mesi per discordia de' cardinali. Poi elessono papa Urbano il IIII, della città di Tresi di Campagna in Francia, il quale fue di vile nazione, siccome figliuolo d'uno ciabattiere, ma valente uomo fu, e savio. Ma la sua elezione fu in questo modo: egli era in corte di Roma povero cherico, e piativa una sua chiesa che gli era tolta, di libbre XX di tornesi l'anno; i cardinali per loro discordia serrarono con chiavi ov'erano rinchiusi, e feciono tra ·lloro dicreto segreto che 'l primo cherico che picchiasse la porta fosse papa. Come piacque a ·dDio, questo Urbano fu il primo, e dove piativa la povera chiesa di libbre XX di tornesi, ebbe l'universale Chiesa, come dispuose Idio, al modo della elezione del beato Niccolaio. Perché fu miracolosa la elezione, n'avemo fatta menzione e memoria; il quale fu consecrato gli anni di Cristo MCCLXI. Questi trovando la Chiesa in grande abassamento per la forza di Manfredi, il quale occupava quasi tutta Italia, e l'oste de' suoi Saracini di Nocera avea messa nelle terre del Patrimonio di San Piero, sì predicò croce contro a ·lloro, onde molta gente fedeli si crucciaro, e andarono ad oste contra loro; per la qual cosa i detti Saracini si fuggirono in Puglia; ma però non lasciava Manfredi di continuo fare perseguitare il papa e la Chiesa a' suoi fedeli e masnade; e egli stava quando in Cicilia e quando in Puglia a grande delizia e in grandi diletti, seguendo vita mondana e epicurea, ad ogni suo piacere, tenendo più concubine, vivendo lussuriosamente, e non parea che curasse né Dio né santi. Ma Idio giusto signore, il quale per grazia indugia il suo giudicio a' peccatori perché si riconoscano, ma alla fine non perdona chi non ritorna a ·llui, tosto mandò la sua maladizione e ruina a Manfredi, quando egli si credea esser in maggiore stato e signoria, come innanzi faremo menzione.

LXXXVIII *Come la Chiesa di Roma elesse Carlo di Francia a esser re di Cicilia e di Puglia.*

Essendo il detto papa Urbano e la Chiesa così abbassata per la potenzia di Manfredi, e li eletti due imperadori (ciò era quello di Spagna e quello d'Inghilterra) nonn-aveano concordia né potenzia di passare in Italia, e Curradino figliuolo del re Currado, a cui apartenea per retaggio il regno di Cicilia e di Puglia, era sì piccolo garzone, che non potea ancora venire contro a Manfredi, il detto papa per infestamento di molti fedeli della

Chiesa, i quali per le forze di Manfredi erano cacciati di loro terre, e spezialmente per gli usciti guelfi di Firenze e di Toscana che al continuo erano seguendo la corte, compiagnendosi a' piè del papa, il detto papa Urbano fece uno grande concilio de' suoi cardinali e di molti prelati, e propuose come la Chiesa era soggiogata da Manfredi, e come sempre quegli di sua casa e lignaggio erano stati nimici e persecutori di santa Chiesa, non essendo grati di molti benifici ricevuti, che, quando a ·lloro paresse, avea pensato di trarre santa Chiesa di servaggio, e di recarla in suo stato e libera; e ciò potea esser, chiamando Carlo conte d'Angiò e di Proenza, figliuolo del re di Francia, e fratello del buono re Luis, il quale era il più soffiiciente prencipe di prodezza d'arme e d'ogni virtù che fosse al suo tempo, e di sì possente casa come quella di Francia, e che fosse campione di santa Chiesa, e re di Cicilia e di Puglia, raquistandola dal re Manfredi, il quale la tenea per forza inlicitamente, e era scomunicato e dannato, e contro a la volontà di santa Chiesa, e come suo ribello; e egli si confidava tanto nella prodezza del detto Carlo e della baronia di Francia, che 'l seguiterebbono, ch'egli non dubitava ch'egli non contastasse Manfredi, e gli togliesse la terra e il regno tutto in poco tempo, e mettesse la Chiesa in grande stato. Al quale consiglio s'accordarono tutti i cardinali e prelati, e così elessono il detto Carlo a re di Cicilia e di Puglia, egli e' suoi discendenti insino in quarta di sua generazione appresso a lui; e fermata la elezione, gli mandarono il decreto; e ciò fu gli anni di Cristo MCCLXIII.

LXXXIX *Come Carlo conte d'Angiò e di Proenza accettò la elezione fattagli di Puglia e di Cicilia per la Chiesa di Roma.*

Come la detta elezione fu portata in Francia al detto Carlo per lo cardinale Simone dal Torso, sì n'ebbe consiglio col re Luis di Francia, e col conte d'Artese, e con quello di Lanzone suoi fratelli, e cogli altri grandi baroni di Francia, e per tutti fu consigliato ch'al nome di Dio dovesse fare la detta impresa in servigio di santa Chiesa, e per portare onore di corona e di reame. E lo re Luis di Francia suo maggiore fratello gli proferse aiuto di gente e di tesoro; e simigliante gli profersono tutti i baroni di Francia. E la donna sua, ch'era figliuola minore del buono conte Ramondo Berlinghieri di Proenza, per la quale ebbe in retaggio la detta contea di Proenza, come sentì la elezione del conte Carlo suo marito, per esser reina si impegnò tutti i suoi gioegli, e richiese tutti i baccellieri d'arme di Francia e di Proenza, che fossono alla sua bandiera, e a farla reina. E ciò fece maggiormente per uno dispetto e sdegno, che poco dinanzi le sue tre maggiori serocchie, che tutte erano reine, l'aveano fatto, di farla sedere uno grado più bassa di loro, onde con grande duolo se ne richiamò a Carlo suo marito, il quale le rispuose: "Datti pace, ch'io ti farò tosto maggiore reina di loro"; per la qual cosa ella procacciò e ebbe la migliore baronia di Francia al suo servigio, e quegli che più adoperarono nella detta impresa. E così intese Carlo al suo apparecchiamento con ogni sollecitudine e podere, e rispuose al papa e a' cardinali per lo detto legato cardinale, come avea accettata la loro elezione, che sanza guari d'indugio passerebbe in Italia con forte braccio e grande potenzia alla difensione di santa Chiesa e contro a Manfredi, per cacciarlo della terra di Cicilia e di Puglia; della quale novella la Chiesa e tutti suoi fedeli, e chiunque era di parte guelfa, si confortarono assai e presono grande vigore. Come Manfredi sentì la novella, si provide al riparo di gente e di moneta, e colla forza della parte ghibellina di Lombardia e di Toscana, ch'erano in sua lega e compagnia, ordinò taglia e guernimento di più gente assai che prima nonn-aveano, e fecene venire della Magna per suo riparo, acciò che 'l detto Carlo né sua gente di Francia non potessono entrare in Italia né passare a Roma; e con moneta e con promesse si recò gran parte de' signori e delle città d'Italia sotto sua signoria, e in Lombardia fece suo vicario il marchese Palavigino di Piemonte suo parente, che molto il somigliava di persona e di costumi. E simigliante fece apparecchiare grande guardia in mare di galee armate de' suoi Ciciliani e Pugliesi, e de' Pisani ch'erano in lega con lui, e poco dottava la venuta del detto Carlo, il quale chiamavano per dispetto Carlotto. E imperciò che a Manfredi parea esser, e era, signore del mare e della terra, e la sua parte ghibellina era al di sopra e signoreggiava Toscana e Lombardia, la sua venuta avea per niente. **XC** *Incidenza, raccontando del buono conte Ramondo di Proenza.* Poi che nel capitolo di sopra avemo contato della valente donna, moglie che fu del re Carlo e figliuola del buono conte Ramondo Berlinghieri di Proenza, è ragione ch'alcuna cosa in brieve diciamo del detto conte, onde il re Carlo rimase reda. Il conte Ramondo fu gentile signore di legnaggio, e fu d'una progenia di que' della casa d'Araona, e di quella del conte di Tolosa; per retaggio fu sua la Proenza di qua dal Rodano. Signore fu savio e cortese, e di nobile stato, e virtuoso, e al suo tempo fece onorate cose, e in sua corte usarono tutti i gentili uomini di Proenza, e di Francia, e Catalogna per la sua cortesia e nobile stato; e molte cobbole e canzoni provenzali di gran sentenzie fece. Arrivò in sua corte uno romeo che tornava da Sa ·Jacopo, e udendo la bontà del conte Ramondo, ristette in sua corte, e fu sì savio e valoroso, e venne tanto in grazia al conte, che di tutto il fece maestro e guidatore; il quale sempre in abito onesto e riligioso si mantenne, e in poco tempo per sua industria e senno radoppiò la rendita di suo signore in tre doppi, mantenendo sempre grande e onorata corte. E avendo guerra col conte di Tolosa per confini di loro terre (e il conte di Tolosa ch'era il maggiore conte del mondo, e sotto sé avea XIIII conti), per la cortesia del conte Ramondo, e per lo senno del buono romeo, e per lo tesoro ch'egli gli avea raunato, ebbe tanti baroni e cavalieri, ch'egli venne al disopra della guerra, e con onore. Quattro figliuole avea il conte e nullo figliuolo maschio. Per lo senno e procaccio del buono romeo, prima gli maritò la maggiore al buono re Luis di Francia per moneta, dicendo al conte: "Lasciami fare, e non ti gravi il costo, che se tu mariti bene la prima, tutte l'altre per lo suo parentado le mariterai meglio, e con meno costo". E così venne fatto, che incontanente il re d'Inghilterra per esser cognato del re di Francia tolse l'altra per poca moneta; appresso il fratello carnale essendo eletto re de' Romani, simile tolse la terza; la quarta rimanendo a maritare, disse il buono romeo: "Di questa voglio che abbi uno valente uomo per figliuolo, che rimanga tua reda"; e così fece. Trovando Carlo conte d'Angiò, fratello del re Luis di Francia, disse: "A costui la da', ch'è per esser il migliore uomo del mondo", profetando di lui; e così fu fatto. Avenne poi per invidia, la quale guasta ogni bene, che' baroni di Proenza appuosono al buono romeo ch'egli avea male guidato il tesoro del conte, e feciongli domandare conto; il valente romeo disse: "Conte, io t'ho servito gran tempo, e messo di picciolo stato in grande, e di ciò per lo falso consiglio di tue genti se' poco grato; io venni in tua corte povero romeo, e onestamente del tuo sono vivuto: fammi dare il mio muletto, e 'l mio bordone, e scarsella, com'io ci venni, e quetoti ogni servigio". Il conte non volea si partisse; per nulla volle rimanere, e com'era venuto, così se n'andò, che mai non si seppe onde si fosse, né dove s'andasse: avisossi per molti che fosse santa anima la sua. **XCI** *Come in quegli tempi apparve una grande stella comata, e le sue significazioni.* Negli anni di Cristo MCCLXIIII, del mese d'agosto, apparve in cielo una stella comata con grandi raggi e chioma dietro, che levandosi dall'oriente con grande luce infino ch'era al mezzo il cielo, inverso l'occidente, la sua chioma risplendea, e durò tre mesi: ciò fu infino del mese di novembre. E la detta stella comata significò diverse novitadi in più parti del secolo; e molti dissono ch'apertamente significò la venuta del re Carlo di Francia, e la mutazione che seguì l'anno appresso del regno di Cicilia e di Puglia, il quale si trasmutò per la sconfitta e morte del re Manfredi della signoria de' Tedeschi a quella de' Franceschi; e simigliante molte mutazioni e traslazioni di parti, per cagione di quella del Regno, avennero a più città di Toscana e di Lombardia, come innanzi faremo menzione. E come s'apruovi che queste stelle comate significano mutazioni di regni, per gli antichi autori in loro versi, si mostra per Istazio poeta, nel primo suo libro di Tebe, ove disse: "Bella quibus populis que mutat regni comete". E Lucano nel primo suo libro disse: "Sideris et terris mutante regna comete". Ma questa intra l'altre significazioni fu evidente e aperta, che come la detta stella apparve, papa Urbano amalò d'infermità, e la notte che la detta cometa venne meno si passò il detto papa di questa vita nella città di Perugia, e là fu soppellito; della cui morte alquanto tardò la venuta di Carlo, e Manfredi e' suoi seguaci furono molto allegri, avisando che morto il detto papa Urbano ch'era Francesco, s'impedisse la detta impresa di Carlo. E vacò la Chiesa sanza pastore V mesi; ma come piacque a ·dDio, fu fatto papa Clemente IIII della città di San Gilio in Proenza, il quale fu buono uomo e di santa vita per orazioni, e digiuni, e limosine, tutto che prima fosse suto laico, e avesse avuto moglie e figliuoli, cavaliere e grande avogado in ogni consiglio del re di Francia; ma morta la moglie, si fece cherico, e fu vescovo dal Poi, e appresso arcivescovo di Nerbona, e poi cardinale di Savina, e regnò presso di IIII anni, e molto fu favorevole alla venuta del detto Carlo, e rimise santa Chiesa in buono stato. Lasceremo alquanto del papa e dell'altre novità d'Italia, imperciò che tutte seguiro all'avento del detto Carlo e de' suoi successori, e le novità che furono quasi per tutto il mondo.

Finito di stampare
nel mese di giugno 2021
da Creative 3.0 Arghillà (RC)